中國學術思想 研究輯刊

二八編

林慶彰 主編

第 6 冊

嵇康與郭象自然與名教思想之比較研究

李建興 著

花木蘭文化事業有限公司

國家圖書館出版品預行編目資料

嵇康與郭象自然與名教思想之比較研究／李建興 著 ― 初版
― 新北市：花木蘭文化事業有限公司，2018〔民 107〕
序 2+ 目 2+164 面；19×26 公分
（中國學術思想研究輯刊 二八編：第 6 冊）
ISBN 978-986-485-476-9（精裝）
1.（三國）嵇康 2.（晉）郭象 3.魏晉南北朝哲學
030.8   107011413

ISBN-978-986-485-476-9

9 789864 854769

中國學術思想研究輯刊
二八編　第六冊　　　　　ISBN：978-986-485-476-9

嵇康與郭象自然與名教思想之比較研究

作　　者　李建興
主　　編　林慶彰
總 編 輯　杜潔祥
副總編輯　楊嘉樂
編　　輯　許郁翎、王　筑　美術編輯　陳逸婷
出　　版　花木蘭文化事業有限公司
發 行 人　高小娟
聯絡地址　235 新北市中和區中安街七二號十三樓
　　　　　電話：02-2923-1455／傳真：02-2923-1452
網　　址　http://www.huamulan.tw 信箱 hml810518@gmail.com
印　　刷　普羅文化出版廣告事業
封面設計　劉開工作室
初　　版　2018 年 9 月
全書字數　142505 字
定　　價　二八編 12 冊（精裝）新台幣 22,000 元

嵇康與郭象自然與名教思想之比較研究

李建興　著

作者簡介

李建興，臺灣宜蘭人，1964 年生。宜蘭高中、東海大學哲學系畢業，中國文化大學哲學研究所碩士、博士。曾任國立宜蘭大學兼任副教授，現任蘭陽技術學院副教授，並就讀國立東華大學中國語文學系博士班。

提　要

在魏晉玄學史上，嵇康與郭象分別為「竹林時期」與「永嘉時期」的代表性人物，本論文旨在探索、比較二者有關玄學主題「名教與自然」的思想；依序從時代背景、立論目的、語詞意涵、實質內容、理論得失及影響等層面，研討和對照二者的理論系統，並釐清二者之間是否存在某種傳承遞嬗的關係。

魏晉「名教與自然」問題，源自於玄學家對漢末以降名教危機的反省，進而提出改革現實世界的理想，同時也關涉儒道二家思想的調和。此一主題由「正始時期」王弼的貴無論奠定理論基礎和規模，嵇康前期原本也致力於名教與自然的結合，後來由於對司馬氏政權操縱下異化虛偽的現實表示反抗，遂轉變態度而提出「越名教而任自然」，此可視為王弼「崇本息末」思想的一種片面發展和深化，典型地反映了正始以後，魏晉禪代之際知識份子的心路歷程。嵇康將自身艱困的處境以及對苦難人生的深沉存在感受，融入他的玄學思維中，以其心目中自始至終不曾放棄的，真實自然的名教理想為依據，憤慨地批判現實虛偽的名教，以率真適性的姿態，為自己身處的荒謬時代留下見證。

而面對西晉動盪局勢的郭象之玄學任務，則在於綜合總結當時兩種偏離玄學主題而片面發展的的思想，亦即嵇康自然論所主張現實是必須超越的，與裴頠崇有論所主張現實是不能超越的，力圖將這兩個相互矛盾對立的命題予以辯證地統一，從而完成調和名教與自然的理論。郭象獨化論體系從本體論上證明自然就是名教，名教就是自然；超越的玄冥之境不在名教之外，就在名教之中。他所謂「內聖外王之道」，乃是通過至人逍遙無待的主體觀照，而臻於仕與隱，山林與廟堂，名教與自然為一，萬物各各自爾獨化的境界。郭象高妙的哲學理想為玄學發展再創新局，但在實踐的意義上則較顯薄弱。

嵇康所倡「越名教而任自然」，雖因對現實激憤而偏離玄學調和名教與自然的主軸，但是他追求性靈自由及自然美感的生命精神和境界，卻深深觸動了那個苦難時代中憂患徬徨的士人心靈，刻劃出高雅脫俗的魏晉風度與神采。而郭象則是繼嵇康之後，真正能立足於「任自然」的思想基礎之上，對名教社會的價值給予合理肯定的玄學家；他從嵇康的「越名任心」、「越名教而任自然」，進一步推展到「任性逍遙」、「獨化於玄冥之境」，將嵇康所苦心尋覓寄託理想的彼岸世界，重新冷靜地拉回現實生命的舞臺，此岸的人間世界。

序

　　初讀魏晉史書，即爲竹林人物狂傲不羈，特立獨行的故事吸引目光。或青白眼對人，醉臥美人側；或土木形骸，避世鍛鐵。以爲他們個性灑脫，不守禮法，風度翩翩。及歷人事漸知，這背後需要多少勇氣和堅定的信念，才能橫眉冷對千夫指，甚至當權者的性命威脅。不論是率意獨駕，行不由徑，途窮痛哭的阮籍；或是臨刑索琴，顧盼自若，只是喟嘆廣陵散從此絕矣的嵇康，隔著歷史的長廊凝視他們的浮光掠影，顯露更多的是深沉的孤寂與悲涼。

　　因爲大學聯考的關係，因緣際會唸了東海哲學系，後來又唸了文化哲研所。碩士論文研究阮籍的樂論，博士論文研究嵇康與郭象的自然與名教思想。仍是對魏晉人物的一種著迷。還記得第一次見黎惟東老師就是請簽指導教授，老師也熱心的答應了。碩論博論間隔十年，都承蒙黎老師不嫌棄這個思辨能力魯鈍的學生，常要巨細靡遺的指正我的文稿，耗費他許多苦心。如今論文即將付梓，也謹此感謝在哲學探索的路途上曾經教導引領過我的所有老師們。

目次

第一章 前 言

　　魏晉玄學在整部源遠流長的中國哲學史裡，雖然只是一段篇幅有限的發展歷程；但不能掩蓋的是，在那樣一個罕見的艱困歷史環境中，思想家們用生命綻放了獨特的智慧光芒。本文所欲探究的，是其中二位各具特色的人物：嵇康與郭象，兩者在魏晉玄學發展的過程中各佔有舉足輕重的地位。乍然視之，他們的風格差距頗大。《晉書》描繪嵇康云：

> 康早孤，有奇才，遠邁不群。身長七八尺，美詞氣，有風儀。而土
> 木形骸，不自藻飾。人以爲龍章鳳姿，天質自然。〔註1〕

風姿超邁，龍鳳之質的嵇康，即使終爲他所厭棄的司馬氏政權構陷，將刑東市時，依然灑脫而悲壯，《晉書》云：

> 康顧視日影，索琴彈之曰：「昔袁孝尼嘗從吾學廣陵散，吾每靳固之。
> 廣陵散於今絕矣！」【《晉書・嵇康傳》】

嵇康就宛若一曲聲調絕倫的「廣陵散」，〔註2〕從此消逝於天下多故的時局裡，

〔註1〕 楊家駱主編，房玄齡等著，《新校本晉書并附編六種》，卷四十九，〈嵇康傳〉，（臺北市：鼎文書局，民國67年11月再版）。本論文所引用《晉書》的文字，皆根據此版本，之後引用，只註明書名及傳名，不另加註。

〔註2〕 〈廣陵散〉，爲東漢舊琴曲名，起源於《琴操》所載的〈聶政刺韓王曲〉。工匠聶政之父被暴虐韓王所殺，他立志復仇，學琴十年，後刺韓王。據宋濂《太古遺音・跋》稱「其聲忿怒躁急」，乃是被壓迫者憤怒反抗之聲，與嵇康所處司馬氏集團高壓下的政治環境相似。《舊唐書・韓滉傳》云：「王淩都督揚州謀立荊王彪，毋丘儉、文欽、諸葛誕相繼爲揚州都督，咸有匡復魏室之謀，皆爲懿父子所殺。叔夜以揚州爲故廣陵之地，彼四人者皆魏室文武大臣，咸敗散於廣陵，故名其曲曰〈廣陵散〉。」可知〈廣陵散〉曲雖舊名，可能已由嵇康重作，且與政治有關；他在臨終前彈奏，寄寓著不平凡的意義。參閱莊萬壽著，《嵇康研究及年譜》，（臺北市：臺灣學生書局，民國79年10月初版），頁205～206。

他高曠的精神迴音卻流傳不歇。而有關郭象，史書則如此敘述：

> 少有才理，好老莊，能清言。……東海王越引為太傅主簿，甚見親委。遂任職當權，熏灼內外。由是素論去之。【《晉書·郭象傳》】

嵇康與郭象一隱一仕，面對的時代已然不同。不過，郭象承受強烈的質疑與批評：

> 先是，注莊子者數十家，莫能究其旨統。向秀於舊注外，而為解義。妙演奇致，大暢玄風。……象為人行薄，以秀義不傳於世，遂竊以為己注。【同上】〔註3〕

以上所述是嵇康和郭象在史冊中的形象：一個超卓俊奇，一個素行似有虧；一個令人讚嘆惋惜，一個則面臨嚴厲指控。然而，他們實際的思想內容究竟有何差別？如何相應於二人對玄學發展的貢獻，給予適切的評價？他們的時代接續交疊，〔註4〕而且都以專精莊學著稱於魏晉玄學史，二者之間究竟存在著怎樣前後傳承、遞嬗演變的軌迹？這些問題實值得關注魏晉思想者作進一步的探究。

「名教與自然」的關係問題，是魏晉玄學重要的核心問題，也是本文研撰比較嵇康和郭象思想異同的切入點。《晉書》著名的「三語掾」故事所云：「聖人貴名教，老莊明自然，其旨同異？」〔註5〕顯示西晉之世，士人熱烈討論此問題的景況。其實，嵇康乃魏晉玄學中「名教」一詞的創造者，〈釋私論〉云：

〔註3〕 關於向秀郭象注《莊》此一爭訟不已的歷史懸案，本論文原則上採取《晉書》卷四十九〈向秀傳〉的說法，即郭象注《莊》是在向秀隱解的基礎上「述而廣之」。因此，本論文將以郭象《莊子注》概括向秀之注。

〔註4〕 錢穆著，〈記魏晉玄學三宗〉指出：「魏晉之際，玄學再興，言其派別，大率可分三宗。一曰王何，二曰阮嵇，三曰向郭。之六家者，世期相接，談議相聞。」見其所著，《莊老通辨》，（臺北市：東大圖書股份有限公司，民國80年12月初版），頁345。

〔註5〕 《晉書·阮瞻傳》云：「（阮）瞻見司徒王戎。戎問曰：『聖人貴名教，老莊明自然，其旨同異？』瞻曰：『將無同？』戎咨嗟良久，即令辟之。時人謂之三語掾。」王戎是「中朝名士」的魁首，據此可知當時「名教」與「自然」的問題，確實已廣為士人所注意。雖然前述的問答人物在《世說新語》中載為阮脩與太尉王衍，但不論此故事究竟繫屬何人，都無損於其中所顯示的價值。參見楊勇著，《世說新語校箋〈上冊修訂本〉》，（臺北市：正文書局有限公司，民國89年5月第一版），頁185～186。本論文所引用《世說新語》的文字，皆根據此版本，之後引用，只註明書名及篇名，不另加註。

夫氣靜神虛者，心不存乎矜尚；體亮心達者，情不繫乎所欲。矜尚
不存乎心，故能越名教而任自然；情不繫乎所欲，故能審貴賤而通
物情。物情順通，故大道無違；越名任心，故是非無措也。〔註6〕

這不僅是今日所能見到魏晉時期「名教」最早使用的詞例，而且在此文中，
他開始將「名教」與「自然」對舉，由此確立了這一影響深遠、牽涉甚廣的
問題，成爲爾後玄學家談議論述的核心之一。〔註7〕因此，欲了解名教與自然
關係的問題，必須先探求嵇康的思想底蘊。

　　玄學從竹林時期嵇康標舉「越名教而任自然」，對現實世界虛僞名教極力
譏刺與批判，發展到永嘉時期郭象注《莊》，出現新的觀點，郭象云：

所以迹者，眞性也。夫任物之眞性者，其迹則六經也。況今之人事，
則以自然爲履，六經爲迹。〔註8〕

仁義發中，而還任本懷，則志得矣。志得矣，其迹則樂也。信行容
體而順乎自然之節文者，其迹則禮也。【《郭象注莊‧繕性》】

六經、仁義、禮樂、節文等皆屬外在「名教」，郭象將其歸本於眞性之「自然」，
亦即以「迹」與「所以迹」的概念，重新詮釋「名教」與「自然」的關係，
主張「名教即自然，自然即名教」。如此一來，明顯對現實名教世界採取寬容
而肯定的態度，較之嵇康，改變不可謂不大。但是進一步觀察，嵇康與郭象
之間，卻又存在著一些極爲相似的看法，譬如嵇康在〈答難養生論〉云：

遊心乎道義，偃息乎卑室，恬愉無遌，而神氣條達。豈需榮華，然
後乃貴哉？耕而爲食，蠶而爲衣，衣食周身，則餘天下之財。猶渴
者飲河，快然以足，不羨洪流。豈待積斂，然後乃富哉？

而郭象則云：

苟足於其性，則雖爲大鵬無以自貴於小鳥，小鳥無羨於天池，而榮
願有餘矣。【《郭象注莊‧逍遙遊》】

〔註6〕崔富章注譯，《新譯嵇中散集》，（臺北市：三民書局股份有限公司，民國 87
　　　　年 5 月初版），頁 297～298。本論文所引用嵇康的文字，皆根據此版本，之後
　　　　引用，只註明篇目，不另加註。

〔註7〕參閱張蓓蓓著，《中古學術論略》，（臺北市：大安出版社，民國 80 年 5 月第
　　　　一版），頁 6。

〔註8〕郭慶藩輯，《莊子集釋》，（臺北市：華正書局，民國 76 年 8 月版），《郭象注
　　　　莊‧天運》，頁 532。本論文所引用《莊子》及郭象的注文，皆根據此版本，
　　　　之後引用郭象的注文，通稱《郭象注莊》，引用《莊子》的文字，則只註明書
　　　　名及篇名，不另加註。

此解與嵇康的說法如出一轍，由此可以推知嵇康的思想應對郭象產生某種程度的影響。

　　本文的撰述，即旨在探索、比較嵇康與郭象有關名教與自然的思想，擬從時代背景、立論目的、語詞意涵、實質內容、理論得失及影響等各個層面，對二者進行詳細的闡釋及對比，以完整展示二者理論系統的深刻義蘊，並且徹底釐清此二位重要的玄學家之間，究竟有何傳承遞嬗的關係，及檢討其思想的得失，以還二者一個確切允當的歷史地位。

第二章 「比較」的界定與運用

　　本文研撰的旨趣，既擬由各個層面比較嵇康與郭象有關名教與自然的思想，因此，比較法（The Comparative Method）即為採取的主要研究方法。

　　從語詞方面考察「比較」的基本意涵，乃在較量事物與事物之間的優劣高低，辨別顯示其中的異同遠近。〔註1〕至於「比較」作為一種研究方法而言，如何界定其意義？運用此方法的研究價值何在？關於此，唐君毅有極為精闢的析論：

> 比較是兼較同與較異，然一切思想中恆有異，異中又恆有同。有似異而實同者，亦有似同而實異者。然吾人見同時，又恆易忽其異，見異時又恆易忽其同，因而比較之事，似易而實難。而比較法之價值，則在由比較，而使同異皆顯出，同以異為背景，而同益彰其同；異以同為背景，異更見其異。由是而使同異皆得凸顯，而所比較之

〔註1〕所謂「比」、「較」，從字源與意義上分別考察，「比」的解釋相當豐富多樣，譬如：每、皆、親密、暱狎、比況、比類、比擬、比例、比輔、比治、比具、排比、從善、同齊、倫輩、相接、慎密、從附、偏黨、及至、錯雜、綴輯整比等。而「較」字，本指車兩輢上之橫木，其義可有：直、專、明、法、略、權、差、不等、校量、相競等。合而言之，「比較」則意謂：取二種以上之事物，較量其優劣，或辨其異同。參閱張其昀監修，中文大辭典編纂委員會編，《中文大辭典》，共40冊，（臺北市：中國文化學院出版部，民國57年8月初版），第18冊，頁316及第32冊，頁348。其中特別值得注意的是《說文解字》的解釋：「比，密也。二人為從，反從為比。」據此可知「比」與「從」字有關，從的字形即是二個緊密相連的人，而「比」的字形則是「從」的反寫，所以也意謂著某種親密、密切之義。

對象之具體的個體性，亦皆得凸顯。而吾人之比較之思想活動本身，亦因而有更清楚豐富之思想內容。故吾人之從事對哲學思想之比較研究，亦即使吾人之哲學思想本身，升進爲能綜合所比較之哲學思想，以成一更高之哲學思想者。〔註2〕

可見比較法雖是人類極爲原始而自然的思想方法，卻似易而實難，因爲同中之異，異中之同，均須經過細密對照論證，方可衡定。尤其是以二位哲學家的思想內容或系統，作爲比較研究之對象，其目標不惟在於探求、彰顯他們思想的具體性格與同異，更在於比較的過程中，逐步給予此二者的理論系統整全性的觀照，由是以升進、綜合二者，而獲致一更清楚、更豐富的哲學思想。此乃比較法的眞實意義及其運用的價值所在。上述唐君毅對「比較」之義涵的界定，與沈清松就「對比」（contrast）所作的解釋頗爲近似：

> 對比是指同與異、配合與分歧、採取距離與共同隸屬之間的交互運作，使得處在這種關係的種種因素呈現於同一個現象之場，並隸屬於同一個演進的韻律。〔註3〕

由是而觀，「比較」與「對比」二者意義相近，而「對比」實爲「比較」的嚴格義。〔註4〕從原則上說，建構一套對比的方法學，就是設立一套運作的程序，藉以將吾人所計畫針對的種種現象或理論，判斷其統一或分辨其差異；亦即顯示出研究對象彼此在源起和結構上的同質性，或標明存在於各對象之間的種種參差不齊的距離，最後再尋求一種創新的觀點，期能將這些既統一又差異的對象或理論予以綜合轉化。質言之，對比的研究方法，旨在以循序漸進的步驟展示經驗的內在結構，並促使經驗獲得充分的發展與完成。吾人經驗所對，恒是由對比所構成的多元現象；而且，在一切結構之中，對比的結構遠較其它結構更爲原始和基本。研究者皆是以這原始的對比結構爲起點，方

〔註2〕 唐君毅著，《哲學概論》，《唐君毅全集》，卷二十一，（臺北市：臺灣學生書局，民國74年10月全集校訂版），上冊，頁202。

〔註3〕 沈清松著，《現代哲學論衡》，（臺北市：黎明文化事業股份有限公司，民國75年10月初版），頁3。

〔註4〕 「比較」與「對比」之間，雖然前者意義較通泛，而後者的界定較嚴格，但在通常的情況下，應可不必作判然之二分。參閱葉海煙著，〈「比較」作爲一種方法對當代中國哲學的意義〉，收錄於《第一屆比較哲學研討會論文集》，（南華管理學院哲學研究所，民國87年1月出版），頁89。

得以演繹出其它更明確的結構型態。〔註5〕

　　綜合而言，對比方法乃是研究活動進行中，一種藉以分析研究對象或理論之重複因素與差異因素的運作程序。再者，對比方法亦是吾人藉以認知對象或理論之內在結構的步驟。更進一步，對比方法也是研究者藉以將有關對象或理論的知識，與自己所擬訂的詮釋策略相互比較，透過其中配合或分歧的對比關係，作為繼續邁向另一次經驗擴大與拓深的動力來源。非僅現象及理論，甚至各種思想體系或文化傳統亦皆可藉著對比法，成為主體經驗擴充的憑藉。〔註6〕

　　然而，學術思維的或同或異，原屬一般事實之認定；況且比較或對比的方法學意義，經常是透過個別的問題意識而顯現，並經由各種解釋策略而有不同方式的表詮。因此，葉海煙認為，在某些相關且足資對比的哲學論點之間，發現其中的相似性（likeness）與相異性（difference），並不盡然意味著思維的橫向游移，也未必只是概念的類比或類推；其中也可能牽涉到研究者自身的哲學意圖，通過比較的程序以顯豁其目的意識與論證意義，而作出創造性的詮釋。〔註7〕是以，「比較」在一個研究活動中，往往兼具了研究者所抱持之態度與採取之方法的雙重作用。

〔註5〕沈清松且進一步指出，在研究的歷程中，經常可以察覺到兩種對比：一是「結構對比」（structural contrast），表現在現象的各種因素彼此的組織關係之上；另一是「動態對比」（dynamic contrast），表現於現象結構與研究者的理論之間。結構對比與動態對比，彼此亦相互作用，漸趨擴大，向著越來越複雜化（complexification）的歷程發展。純就理論而言，亦含有結構對比與動態對比。理論的結構對比表現在各組成概念彼此的關係，或構成一命題的各語詞之彼此關係上，這些概念或語詞既相異又相配，始得以連繫於同一命題之中。動態對比則表現在次級理論（或命題）及其高級理論（或命題）之間，或數個同級理論的交互影響之上。詳參其所著，《現代哲學論衡》，頁7～9。

〔註6〕一個思想體系乃由一組命題組成的全體，表達一套理論，綜合某一範圍的現象。至於一個文化傳統則是某一類型理論及經驗歷程在時間的流變中形成的全體。以不同的思想體系或不同的文化傳統作為研究對象，抒發其中的對比，常可以喚醒研究之主體，於其內在引發一個動態的辯證歷程。由於察覺這些體系或傳統之間的距離或共屬，進而領悟自己發展經驗應有的方向；或透過這些體系或傳統與自己的經驗過程之對比，而導向更深入之發展。是以，差異與分歧所顯示的緊張狀態，經常是經驗主體覺醒的良機；而同質與配合所透露的共同隸屬之訊息，則為吾人的經驗開展出一個新的境界。甚至可以說，人類經驗就是依靠對比而運作與演進。參閱沈清松著，《現代哲學論衡》，頁10。

〔註7〕參閱葉海煙著，〈「比較」作為一種方法對當代中國哲學的意義〉，頁92。

　　比較法於實際操作時，尚可區分爲（一）縱比：所處時代或歷史進程之比較；（二）橫比：所處地區或文化傳統之比較；（三）同比；（四）異比；（五）同異交比。〔註8〕一般而言，在求同去異的「比較」過程中，若忽略對象由時代和歷史所引生的連續性與縱貫性思考，以及其中所演繹出的各種理念，將難以充分而深刻地把握其真實的意涵。另外，釐清「比較」的對象之間所包含的異質性內容，如概念的生成與完成，思想系統的發現與發展等，亦是從事比較或詮釋工作時須詳加考察的。否則概念的混淆不清，範疇的對應錯置以及各思想系統之間的相互牴觸等問題，勢將層出不窮，平添比較的難度。其實，不論「異中求同」或「同中存異」，所謂的「異」，往往有其較接近事實甚至與一般表象相應的意義；而所謂的「同」，則必須通過嚴格的概念思維或某一理論範疇的界定。因此，就一般的「比較」來說，「求同」比「存異」面臨更多的困難；而如何「存異」，則比「求同」更具有理性思考的意涵。由是，葉海煙進而透過現代西方哲學的觀念，剖析「比較」的重要意義：

　　　　在「真理」與「方法」相對立的詮釋立場上，高達美（Hans-Georg Gadamer）以爲了解（understanding）乃是一樁事件（event），而詮釋的工作本身是與歷史俱進的。……在嚮往了解的主體情境中，一方面認清吾人詮釋的主體意義，一方面則以現代語言真誠地面對任何一種思維系統的豐富內容，於是，尊重差異乃成爲最能突顯「比較」意向的實際表現。〔註9〕

如此，哲學的歷史意義將可和思維的歷程意義時相呼應。猶有進者，莊子所說「莫若以明」至於「兩行」【《莊子·齊物論》】的道觀，亦可作爲運用比較法「存異求同」的一種高度智慧的照明，從而使各種系統，各個哲學家的思想，都能在當代研究者比較與詮釋的行動之中，盡量發揮其所蘊含的意義。換言之，有關研究對象兩造之間的對立與衝突問題，其實是可以在開放的心靈中得到適當的安置，甚而朝向「殊途而同歸，百慮而一致」的理想邁進。

　　總而言之，「比較」是哲學詮釋的一個原始而基本的階段，而「對比」的諸多可能性其實存在於所有的言說與表述之間。比較或對比，不但可以顯示

─────────────

〔註8〕　從原則上說，「縱比」，謂時間方面的比較；「橫比」，謂空間方面的比較；「同異交比」，則謂同中有異，異中有同。參閱黃建中編著，《比較倫理學》，（臺北市：正中書局，民國86年11月臺初版第九次印行），頁59～61。

〔註9〕　葉海煙著，〈「比較」作爲一種方法對當代中國哲學的意義〉，頁99。

經驗的複雜性，解析其構成因素之間彼此不斷更新的緊張關係，和不斷獲致的內在統一性，且可促使吾人朝向創新的經驗開放。沈清松闡釋「對比」的哲學意義甚爲深刻：

> 對比有其結構面亦有其動態面，吾人須藉以鋪陳差異與同質、分歧與相配、現實與可能、採取距離與共同隸屬之互動與流衍。對比的思想必引領我們邁向創造性的行動，融合處於對比結構中的各種因素或傳統，而且，憑藉動態對比，前進到新穎之境與更深刻的探險中去。勾劃對比的眞象，融合對比之因素，並自行超越到更富包容性、更有強度的對比結構。〔註10〕

運用比較或對比的研究方法，即是在排比對照的動態歷程中，不僅鋪陳、顯示研究對象彼此之間的統一性與差異性，進而吾人的思維活動亦將被引領至一創造性的、綜合性的嶄新境地。本文的研究即是以「名教與自然」的問題意識爲主軸，藉由對比嵇康與郭象的歷史背景、時代的哲學課題、語詞意義的詮釋及理論的實質內容等角度，比較兩者異中之同、同中之異。一方面，期能具體彰顯二位玄學家的思想型態、優劣得失；另一方面，則釐清其彼此之間演變進展的軌迹和前後傳承轉化的關係，以發掘兩者更豐富和遮隱不彰的思想內容，從而運用這些一鱗半爪，鋪貼出兩者思想的全貌。

〔註10〕 沈清松著，《現代哲學論衡》，頁28。

第三章　名教與自然根本問題的釐清

在複雜多樣、充滿隨機性的玄學演變過程裡，「名教」與「自然」是其中唯一一對能夠使魏晉思想家真正貫穿起來，並且能真實反映其思想底蘊的範疇。〔註1〕「名教」，乃是漢代以來確立形成的社會組織原則和秩序，與古代普遍存在的家族宗法制度關係密切，對社會與政治發揮巨大的作用。而「自然」，則為道家所崇尚，它不僅指與人類社會相對的自然界，「道法自然」的命題還意味著它可以指稱萬事萬物的本然狀態，從而為後來的思想家表達自己對理想的解釋，留下極為廣闊的空間。

魏晉時期有關自然與名教問題的探討，早已出現於王弼的玄學中；「自然」與「名教」，對王弼而言，相當於「無」與「有」、「體」與「用」、「本」與「末」的關係。他運用「體無用有」、「崇本舉末」的形上原理，將自然與名教之間的關係視為體用一如，本末有序，認為名教出於自然。此一問題對魏晉時代影響之廣泛與深遠，陳寅恪有深切的體認，他說：

> 寅恪嘗徧檢此時代文字之傳於今者，然後知即在東晉，其實清談已無政治上之實際性，但凡號稱名士者其出口下筆無不涉及自然與名教二者同異之問題。其主張為同為異雖不一致，然未有舍置此事不論者。〔註2〕

既然如此，那麼這一個頻頻出現於東晉名士的談吐與筆端、眾所矚目且極重

〔註1〕 參閱陳明著，〈六朝玄音遠 誰似解人歸──大陸玄學研究四十年的回顧與反思〉，收錄於《書目季刊》，第27卷，第2期，1993年9月，頁22。

〔註2〕 陳寅恪著，〈陶淵明之思想與清談之關係〉，收錄於《陳寅恪先生文集》，共5冊，（臺北市：里仁書局，民國70年3月版），第1冊，頁188～189。

要的問題究竟出自何處？始於何人？以下先概述正始時期王弼的貴無論思想，再由語詞的使用與內涵等層面探索名教與自然問題的起源，以釐清其根本意義。

第一節　王弼：名教出於自然

在王弼（西元 226～249）的著作中，今日得見者，主要有《周易注》及《老子注》，〔註3〕二書分別隸屬儒家與道家經典。王弼兼治儒道二家學術，且援引老莊思想注解《周易》，一方面扭轉漢易拘泥於象數的傳統窠臼，開啓後世研究《周易》義理的學風；另一方面值得注意的是，這顯現出王弼調和儒道思想的旨趣，此一旨趣有助於了解他處理名教與自然這一時代課題的態度。〔註4〕因爲王弼貴無論的出現，與其時代的社會政治有密切關係；在他活動的正始年間，曹魏政權因推行名法之治，導致重術寡德、君臣離心的現象日益嚴重。從曹丕到曹叡，皆在尋求解決此一政治沉痾的方法。政治家積極從事制法立章，以求糾正時弊；雖然王弼也適應時代的需要而投入政治活動，但他並非直接參贊方略的政治家，而是一位哲學家，期望能從哲學的角度探討和解決時代課題，以便爲現實政治的改革提供一個合乎理想的原則和方法，這就是他提出「以無爲本」的貴無論玄學之歷史背景。王弼探究當時社會名教的種種問題而提出針砭，比如他說：

> 夫禮也，所始首於忠信不篤，通簡不陽，責備於表，機微爭制。夫
> 仁義發於內，爲之猶僞，況務外飾而可久乎！故夫禮者，忠信之薄

〔註3〕 歷代史志書目著錄王弼的著作甚多，據王葆玹的考證結果，王弼原著計有：《老子道德經注》二卷、《老子指略例》一卷、《周易注》六卷、《周易略例》一卷、《道略論》（卷數不詳）、《論語釋疑》三卷及其他若干論述《易》、《老》的論文和書信等等。參見其所著，《玄學通論》，（臺北市：五南圖書出版有限公司，民國85年4月初版1刷），頁314～328。

〔註4〕 王弼爲王粲嗣孫，王弼的學術思想與王粲有相當密切的關係。《魏志》卷二十一〈王粲傳〉云：「王粲，字仲宣，山陽高平人也。曾祖父龔，祖父暢，皆爲漢三公。」王粲曾依附荊州劉表爲期數十年之久，對此間宋忠等人的《易》注與《太玄經》注必當熟悉；且《王粲集》中，〈七釋〉、〈安身論〉等篇偶見老莊寡欲無爲的思想。王弼既出身經學世家，又具道家思想的家學淵源，故其兼治儒道而思融合二者的心態可想而知。參閱曾春海著，〈魏晉「自然」與「名教」之爭探義〉，收錄於《國立政治大學學報》，第六十一期，民國79年6月，頁51～52。

而亂之首也。〔註5〕

王弼和老子一樣，認爲「禮」的出現是仁義之道衰敗的必然結果。實際上，這也是當時社會的虛浮現象，人們只知務於外飾，凡事責求於表；禮制規範流於形式，終成爲束縛人的工具。他更進一步指出名教弊病的根由：

> 仁義，母之所生，非可以爲母。形器，匠之所成，非可以爲匠也。舍其母而用其子，棄其本而適其末，名則有所分，形則有所止。雖極其大，必有不周；雖盛其美，必有患憂。功在爲之，豈足處也。【《老子注・三十八章》】

作爲社會名教品目的「仁義」，是由其「母」，亦即「自然」所產生，唯有「守母存子」、「崇本舉末」，才能眞正把握仁義之本。否則，在「舍其母而用其子，棄其本而適其末」的情形下講求仁義，必會有所偏失，終將遺落仁義的眞諦與價值。細觀曹魏之世，掌權者以術馭下，施行刑名之治，導致社會充斥鮮仁寡義之風。王弼深識治術的危害，他說：

> 夫以明察物，物亦競以其明避之；以不信求物，物亦競以其不信應之。夫天下之心不必同，其所應不敢異，則莫肯用其情矣。甚矣！害之大也，莫大於用其明矣。夫任智則人與之訟，任力則人與之爭。智不出於人而立乎訟地，則窮矣；力不出於人而立乎爭地，則危矣。未有能使人無用其智力於己者也，如此則己以一敵人，而人以千萬敵己也。若乃多其法網，煩其刑罰，塞其徑路，攻其幽宅，則萬事失其自然，百姓喪其手足，鳥亂於上，魚亂於下。是以聖人之於天下歙歙焉，心無所主也。【《老子注・四十九章》】

「以明察物」就是精於刑名法術，目的在於鞏固君主的權力。但是上行下效的結果，君臣競用智力，缺乏眞誠與互信，於是出現「己以一敵人，而人以千萬敵己也」這般不利於君主的局勢，其統治必將走向窮途末路。這是王弼對名法治術的弊端，高瞻遠矚之見。他認爲，聖人之於天下，應當「歙歙焉，

〔註5〕　《老子注・三十八章》。樓宇烈校釋，《老子周易王弼注校釋》，（臺北市：華正書局有限公司，民國72年9月初版），頁94。這裡的「通簡不陽」句意義不明，疑有錯訛，據樓宇烈校釋，當作「易簡不暢」，意謂天地自然無爲之至德不通暢。「易簡」一詞爲魏晉間人常用以表達「無爲」之思想，且作「易簡不暢」正與上文「忠信不篤」文句相順，意義一致。本論文所引用《老子》及王弼的注文，皆根據此版本，之後引用王弼的注文，通稱《老子注》，引用《老子》的文字，則只註明書名及章名，不另加註。

心無所主」，才可平息紛亂，使萬物回復自然，消弭智力的危害。

在名教與自然的問題上，王弼雖未使用過「名教」一詞，但在其所處的時代，討論和解決名教問題殊為重要。他在著作中已使用過「形器」、「制度」、「禮法」、「人倫」等隸屬於「名教」概念外延的語彙。他將禮制規範視為有形有名的現象，而將「自然」視為這些規範的形上本體。在自然與形上本體的關係上，萬物一方面以「無」為本，另一方面萬物也以「自然」為性。〔註6〕王弼《周易注·復卦》說：「然則天地雖大，富有萬物，雷動風行，運化萬變，寂然至無是其本矣。」〔註7〕此「寂然至無」之體，一方面意謂渾然無狀，無象無體，不可得見而得名；另一方面則意謂無執無為，故能順通天地，無物不經。是以，「無」不是頑空或死寂之體；作為萬物之本的「至無」，恆常地蘊涵發而為「有」的「徵向性」。〔註8〕因此，「無」的本性，從其徵向實現性的作用來看，即是「順自然」。〔註9〕就此一意義而言，「自然」與「無」是同義詞，「自然」亦具有形上本體義。而關於自然與名教的問題，王弼有深刻的思辨和論述；他基於體用一如，本末有序的形上理念，認為名教出於自然。他說：

> 樸，真也。真散則百行出，殊類生，若器也。聖人因其分散，故為之立官長。以善為師，不善為資，移風易俗，復使歸於一也。【《老子注·二十八章》】

> 始制，謂樸散始為官長之時也。始制官長，不可不立名分以定尊卑，故始制有名也。過此以往，將爭錐刀之末，故曰「名亦既有，夫亦將知止」也。遂任名以號物，則失治之母也，故「知止所以不殆」也。【《老子注·三十二章》】

這是王弼對社會名教的來源所作本體論的解釋。在宇宙發生的過程中，真樸之道散發開展，演化為多樣性的百行殊類的現象界。聖人為了理順其秩序，於是「始制官長」。然而，有了官長，就有社會不平等的層級；有了等級，就

〔註6〕 《老子注·二十九章》云：「萬物以自然為性，故可因而不可為也，可通而不可執也。」

〔註7〕 樓宇烈校釋，《老子周易王弼注校釋》，頁337。

〔註8〕 有與無，是道的雙重性；道的「有」性，係由寂然至「無」的道體而發。參閱曾春海著，〈魏晉「自然」與「名教」之爭探義〉，頁54。

〔註9〕 《老子·三十七章》「道常無為。而無不為」句，王弼注云：「順自然也。萬物無不由為以治以成之也。」

有貴賤尊卑的區別；有了貴賤尊卑，就有確認這些貴賤尊卑的名分，從而形成社會的名教。從官長到名教，當這一系列的社會規範和制度產生之後，由於世俗的偏執與僵化，不免對人構成種種限制和束縛；同時也使社會充斥處心積慮的計較與爭鬥，趨向「過此以往，將爭錐刀之末」的境地。

　　名教原是依順自然的勢用而產生，乃自然的人為體現；其目的在於「移風易俗，使復歸於一」，也就是順應道的雙重特性，即徵向生成而「有」與返轉回歸於「無」的動態運行，而復歸於形上之「道」或「自然」，亦即所謂「一」。王弼認為，用人為的方式來體現名教，雖是以自然為本，仍屬人為之不得已。因此，在將自然體現為名教的過程中，應該盡量排除人主觀的成見和意志的干擾。名教的施用不應預存崇尚、偏好的矜持心態，亦即應當順任自然而不須刻意顯揚或拒斥。就如他所說：「舉善以齊不善，故謂之師矣。……善人以善齊不善，不以善棄不善也，故不善人，善人之所取也。」【《老子注‧二十七章》】

　　從道家思想的發展脈絡看，王弼繼承《老子》「有生於無」的宇宙論觀點，而予以創造性地轉化成「以無為本」的形上理論。他所言「以無為本」的「無」，乃是超越一般「有」與「無」的相對性，而為一種至高無上存有之「至無」。「至無」係生成萬事萬物至高無上的道體。就此道體的道相而言，蘊涵無限的特性，因而無形無名。就此道體的道用而言，則其周流運轉的無窮妙用，遍及整個宇宙萬事萬物，無處不存在，無時不發用。進而言之，在王弼所持體用一如的實在論觀點之下，「體」是體在用中的成用之體，「用」是因體而顯，承體起用之用。體用無間，不即不離，相涵相攝為一。體與用，無與有，這一系列對顯的概念，就是王弼對道的雙重性的描述。王弼所持名教出於自然的觀點，也正反映出他「以無為本」的本體論思想體系。基於此，他在「名教」這一政治與社會問題上，才會屢屢要求「舉本統末」或「崇本舉末」。對此，王弼在《老子注‧三十八章》總結地說：

> 故苟得其為功之母，則萬物作焉而不辭也，萬事存焉而不勞也。用不以形，御不以名，故仁義可顯，禮敬可彰也。夫載之以大道，鎮之以無名，則物無所尚，志無所營。各任其貞事，用其誠，則仁德厚焉，行義正焉，禮敬清焉。棄其所載，舍其所生，用其成形，役其聰明，仁則尚焉，義則競焉，禮則爭焉。故仁德之厚，非用仁之所能也；行義之正，非用義之所成也；禮敬之清，非用禮之所濟也。載之以道，

> 統之以母，故顯之而無所尚，彰之而無所競。用夫無名，故名以篤焉；
> 用夫無形，故形以成焉。守母以存其子，崇本以舉其末，則形名俱有
> 而邪不生，大美配天而華不作。故母不可遠，本不可失。

這是說，社會的政治制度和仁義禮法，只是其末而非其本；它們的存在要以「本」爲核心，唯有「崇本」方可達成「舉末」的效果，才能使這些「末」發揮其應有的作用。此即所謂綱舉目張，也就是王弼結合名教與自然的方法；他透過這種「崇本舉末」的思維，試圖保存名教的眞實價值。概括地說，王弼名教出於自然的論旨，在於爲政治社會層面的名教尋找形而上的本體論依據，藉以重建新時代的名教價值觀。對兼綜儒道的王弼來說，名教與自然之辨，用意不在製造兩者之間的緊張衝突，而是在於調和，以自然的方式使名教的施用能興利除弊。名教弊端的產生，咎在爲政者操執名教作爲工具，刻意講求仁義孝慈等品目，以威迫利誘爲手段，而淪於捨本逐末，損人利己。王弼說：

> 下德求而得之，爲而成之，則立善以治物，故德名有焉。求而得之，
> 必有失焉；爲而成之，必有敗焉。善名生，則有不善應焉。故下德
> 爲之而有以爲也。無以爲者，無所偏爲也。凡不能無爲而爲之者，
> 皆下德也，仁義禮節是也。【《老子注‧三十八章》】

總結而言，王弼基於守母必可存子，崇本必可舉末的形上原理，運用在名教與自然的關係上：即以自然爲母，名教爲子；自然爲本，名教爲末；自然爲體，名教爲用。如能崇尚自然，必可發用名教；若只執意於名教，而失去無執無爲的自然，則是捨母用子，捨本逐末，這種失體之用終究無法成就其用。王弼認爲，樸散之後，世道衰微，政教禮法的實施適得其反，究其根柢就在於爲政者以營造執著的成心，蓄意推行仁義孝慈等名教所導致。王弼透過老子無執無爲的形上智慧，指出時弊之根本，其旨意一言以蔽之，就是在使爲政者「崇本息末」。在《老子指略》中，王弼有一段重要的論述，精闢地闡釋其涵義：

> 《老子》之書，其幾乎可一言而蔽之。噫！崇本息末而已矣。觀其
> 所由，尋其所歸，言不遠宗，事不失主。……夫邪之興也，豈邪者
> 之所爲乎？淫之所起也，豈淫者之所造乎？故閑邪在乎存誠，不在
> 善察；息淫在乎去華，不在滋章；絕盜在乎去欲，不在嚴刑；止訟
> 存乎不尚，不在善聽。故不攻其爲也，使其無心於爲也；不害其欲

—16—

也，使其無心於欲也。謀之於未兆，爲之於未始，如斯而已矣。故
竭聖智以治巧僞，未若見質素以靜民欲；興仁義以敦薄俗，未若抱
樸以全篤實；多巧利以興事用，未若寡私欲以息華競。故絕司察，
潛聰明，去勸進，翦華譽，棄巧用，賤寶貨。唯在使民愛欲不生，
不在攻其爲邪也。故見素樸以絕聖智，寡私欲以棄巧利，皆崇本以
息末之謂也。〔註10〕

王弼所言「崇本息末」，具有一表一遮，一正一反的特殊涵義。從「表」與「正」
的方面說，他以有本於無，體無用有的形上理念，闡釋守母存子、崇本舉末
的論點。另從「遮」與「反」的方面說，則是一種正言若反，詭辭爲用，藉
由「息末」以「崇本」。〔註11〕在王弼看來，名教與自然問題的關鍵，並非繫
於名教存廢的爭辯，端視吾人能否體會道的本源，以虛靜寡欲之心，於無執
無爲之中妥善妙用名教，則名教所涵之人倫道德，方可得其作用地保存。名
教出於自然，原是天經地義，但在現實的政治運作中，下德之人卻常以其私
心私欲把持名教，標榜仁義黨同伐異，虛矯浮誇，爭競不休。這確實是名教
必須面對和解決的問題，也是王弼提出「崇本息末」的用意所在。

此外，王弼調和名教與自然的途徑，既在於崇本立本以舉末：「本」指自
然；而「末」指名教，並非指其弊端。他解釋說：「是以上德之人，唯道是用，
不德其德，無執無用，故能有德而無不爲。不求而得，不爲而成，故雖有德
而無德名也。」【《老子注·三十八章》】由此可見，王弼仍然承認名教在維繫
社會與政治方面，具有建立秩序的作用；他只是不贊成執名定規之教，而主
張潛移默化、順任自然即可。這種對名教與自然的態度，相當符合其貴無論
的基本立場。

無論如何，王弼的貴無論是探求內聖外王之道的政治哲學，並非只是專
門研究抽象的有無關係的思辨哲學而已。在他的玄學體系中，名教與自然的
關係問題才是眞正的主題。他關於有無、本末、體用關係的一系列論述，其
實都是爲了解答這個眞正的主題而建構的。〔註12〕王弼將道家「寂然至無」
的道體，接合於儒家禮樂名教之「有」上，亦即藉由「道」體「儒」用的關

〔註10〕《老子周易王弼注校釋》，頁198。
〔註11〕參閱曾春海著，〈魏晉「自然」與「名教」之爭探義〉，頁58。
〔註12〕參閱余敦康著，《何晏王弼玄學新探》，（濟南市：齊魯書社，1991年7月第1
　　　　版，第1次印刷），頁390。

係架構來調和儒道思想，企圖將儒家人倫之德轉化成道家道體發用之德。他所致力的儒道兼綜與調和，雖然深具時代意義，但是未能充分辨明儒家《易》、《庸》形上學及孔孟心性論，與道家哲學系統之間本質上的差異，而將儒學人倫之用湊泊上道家的形上本體，顯然有其失察與勉強之處。〔註13〕職是之故，王弼對於名教與自然的調和，終究僅能作到一種外部的、缺乏堅實基礎的聯結。因此，接續王弼之後的玄學發展，嵇康所倡「越名教而任自然」的思想，以及裴頠重名教而輕自然的主張，即可視為王弼體系中內在矛盾的外在化。正始之後，玄學朝著「名教」與「自然」兩種不同側面的偏向發展，從王弼思想的脈絡看，實有邏輯的必然性。當然，魏晉玄學中有關名教與自然之辨的演變歷程，各有其具體的時代背景作為催化的因素，絕非僅是一種單純的思想邏輯上的演化而已。但是，整體而言，王弼所提出的「崇本息末」，及其調和名教與自然的態度與方法，不僅奠定了玄學發展的主軸與理論規模，而且對於嵇康、裴頠及郭象等人，發揮了重要而深遠的影響。

第二節　「名教」一詞的溯源

從語詞的使用考察，道家崇尚自然，殆無疑義，「自然」一詞在《老子》、《莊子》中早已屢次提及。故須探究者，乃「名教」一詞始於何處，這對掌握此詞彙的意義，頗具參考價值。在先秦文獻中，「名教」一詞僅見於《管子》：

> 桓公問於管子曰：「昔者周人有天下，諸侯賓服，名教通於天下，而奪於其下，何數也？」〔註14〕

此處所謂通行於天下的「名教」，指的是周公所作的禮制；而魏晉時期與「自然」相對應的「名教」，則與漢代以來確立形成的社會組織原則及秩序有關。二者意涵有別，故不能據此例而遽下判斷，以其為玄學中「名教」一詞之所本。

〔註13〕參閱曾春海著，《兩漢魏晉哲學史》，頁179～180。又曾教授認為，從另一角度看，王弼雖然未能透悟孔孟道德的心性觀及省修自持的德教義，視儒家的仁義孝慈為道體的發用，但是其虛靜心的境界亦可以妙契孔子所說「毋意、毋必、毋固、毋我」【《論語‧子罕》】，無所執著的理境。此外，無執無為的虛靜心，在應接人情事物時，自然興感之情，雖有情卻不滯陷於情，亦頗具啟發儒家如何超拔於情欲之累的正面意義。參閱其所著，〈魏晉「自然」與「名教」之爭探義〉，頁60。

〔註14〕王冬珍等校注，《新編管子》，上下冊，（臺北市：國立編譯館，民國91年2月初版），下冊，〈山至數〉，頁1486。

除此之外，在今日已知嵇康〈釋私論〉文中出現「名教」一詞之前，僅能尋得另一疑似之例，爲《世說新語》所云：

> 李元禮風格秀整，高自標持，欲以天下名教是非爲己任。後進之士
> 有升其堂者，皆以爲登龍門。【《世說新語・德行》】

李元禮即李膺，爲東漢末年清流領袖，如果此語出自當時士人或李膺本人之口，則「名教」一詞出現的時間就必須往前推溯，這將比嵇康還要早約九十年。現在先比較范曄《後漢書・李膺傳》所述，以釐清其中的疑點：

> 是時朝廷日亂，綱紀穨陁，膺獨持風裁，以聲名自高；士有被其容
> 接者，名爲登龍門。〔註15〕

此段記載與《世說新語》頗爲接近，應爲後者所據之史籍，但未見「名教」的說法。袁宏在《後漢紀》中則有一段幾乎雷同的敘述：

> （李）膺風格秀整，高自標持，欲以天下風教是非爲己任。後進之
> 士，有升其堂者，皆以爲登龍門。〔註16〕

前後對照，清楚可見《世說新語》與《後漢紀》二文只有些微差別，除了「李元禮」與「李膺」、「名教」與「風教」兩處，其餘如出一轍。其中《世說新語》是晚出者，則其文字以《後漢紀》爲藍本而稍作更動，殆可推知。再者，《世說新語》作者劉義慶，身處「名教」一詞已然通用流行的東晉之世，他將「風教」改爲「名教」，也是可以理解的。既然〈釋私論〉之前的二個詞例，一是意涵不同，一曾爲後人潤飾，則吾人可確認，作爲魏晉玄學中重要的思想範疇，並且與「自然」相對應的「名教」一詞，應以〈釋私論〉爲可考證的最早出處；〔註17〕即在此文中，嵇康宣揚「越名教而任自然」的主張，首

〔註15〕楊家駱主編，范曄等著，《新校本後漢書并附編十三種》，共 6 冊，（臺北市：鼎文書局股份有限公司，民國 70 年 4 月 4 版），第 3 冊，卷六十七，〈黨錮列傳〉，第五十七，〈李膺傳〉，頁 2191。本論文引用《後漢書》的文字，皆根據此版本，之後引用，只註明書名及傳名，不另加註。

〔註16〕袁宏著，《後漢紀》，（臺北市：臺灣商務印書館股份有限公司，民國民國 60 年 10 月臺一版），卷二十一，延嘉二年條，頁 249。本論文所引用《後漢紀》的文字，皆根據此版本，之後引用，只註明書名及卷名，不另加註。

〔註17〕關於嵇康創造「名教」一詞的心理因素，張蓓蓓在〈「名教」探義〉中云：「此文（釋私論）非但是目前可見名教一詞的最早出處，並且應即是此詞問世的第一先聲，嵇康應即是此詞的創造者。因爲竹林名士本是批駁儒家禮法教化最激烈之人，嵇、阮所行所言，無不以力反世俗禮教爲宗旨；陳辭既多，自然可能創造一個簡單而有概括性的詞語以指稱其所反對的儒家禮教。換言之，他們較有創造此詞的心理動機。」見其所著，《中古學術論略》，頁 6～7。

度將「名教」與「自然」對舉，促使魏晉時代的士人，就此展開廣泛而綿延不絕的爭辯。

第三節　「名教」與「自然」意涵之界定

玄學中「名教」一詞既由嵇康所創，當須先探討其用詞之意。檢視〈釋私論〉所云：

> 夫稱君子者，心無措乎是非，而行不違乎道者也。何以言之？夫氣靜神虛者，心不存乎矜尚；體亮心達者，情不繫乎所欲。矜尚不存乎心，故能越名教而任自然；情不繫乎所欲，故能審貴賤而通物情。

嵇康認為真正的君子，必須內心不存矜尚，不隱匿私情，無所措於是非，即能夠超越「名教」的束縛，任憑「自然」真實的心意立身行事。文中強調「越名教而任自然」，顯示相對於「自然」而言，他認為「名教」此一人文價值的概念，摻雜了人為的「矜尚」、「私欲」、「有措」等造作、矯飾的虛假色彩，明顯寓含著貶義。由此可知他對「名教」抱持批判、排斥的態度。另外，觀察嵇康在實際的政治立場上，也和司馬氏集團不同調，堅持避世不願出仕；就這一點而言，與陳寅恪對「名教」與「自然」的理解一致：

> 夫老莊自然之旨固易通解，無取贅釋。而所謂周孔名教之義則須略為詮證。按老子云：「樸散則為器，聖人用之則為官長。」又云：「始制有名。」王弼注云：「始制為樸散始為官長之時也。始制官長，不可不立名分，以定尊卑，故始制有名也。」莊子天下篇云：「春秋以道名分。」故名教者，依魏晉人解釋，以名為教，即以官長君臣之義為教，亦即入世求仕者所宜奉行者也。其主張與崇尚自然即避世不仕者適相違反，此兩者之不同，明白已甚。〔註18〕

陳先生對「名教」的觀點，偏重於政治的方面，如就嵇康、阮籍等竹林七賢的進退出處來說，這樣的名教觀確實頗為相應。但是，從漢末到魏晉，「名教」的問題其實並不局限於少數人「入世求仕」或「避世不仕」的心態而已；況且就玄學家們的思想內涵看，魏晉思潮中「名教」的意義也是屢經變動、並不是固定的。對此，可舉《世說新語》〈德行〉篇為例證：

〔註18〕陳寅恪著，《陳寅恪先生文集》，第 1 冊，頁 182。

王平子、胡毋彥國諸人，皆以任放爲達，或有裸體者。樂廣笑曰：「名
教中自有樂地，何爲乃爾也！」

在此則故事中，王澄、胡毋輔之均屬貴游子弟，在他們身上根本沒有所謂「避
世不仕」的問題，是以樂廣（約西元 241～303 年）此處所稱「名教中自有樂
地」的「名教」，即與士人選擇政治上之隱遁或出仕不相關涉。實際上，王澄
等人所反抗與破壞的，主要是以家族爲本位的倫理秩序，也就是所謂「禮法」。
此即如余英時所指出：「魏晉所謂『名教』乃泛指整個人倫秩序而言，其中君
臣與父子兩倫更被看作全部秩序的基礎。」〔註 19〕余氏之說補充了陳寅恪對
「名教」側重政治倫常方面的解釋，顯得較爲周密，這是關於「名教」一詞
相對而言涵蓋性較廣且較易於掌握的一種界定。〔註 20〕其實，在《後漢紀》
中，亦可見到類似的觀點：

夫君臣父子，名教之本也。然則名教之作，何爲者也？蓋準天地之
性，求自然之理，擬議以制其名，因循以弘其教，辯物成器，以通
天下之物者也。是以高下莫尚於天地，故貴賤擬斯以辯物；尊卑莫
大於父子，故君臣象茲以成器。天地，無窮之道；父子，不易之體。
夫以無窮之天地，不易之父子，故尊卑永固而不逾，名教大定而不
亂。置之六合，充塞宇宙，自今及古，其名不去者也。【《後漢紀・
後漢孝獻皇帝紀卷第二十六》】

袁宏所論「名教」，包含廣義的人倫秩序。聖人依照天地自然的性理，制訂爲
君臣、父子的名分，並由此推展出一套教法，責成彼此相待之道。「名」從自
然中來，「教」從名分下起，名教源於自然，天經地義，遂物益人。〔註 21〕袁
宏也指出「君臣父子」是「名教之本」，且強調「君臣」關係是仿效「父子」
關係而來。由此亦可見東晉之時，士人將家族秩序放在比政治秩序更爲基本
的位置上，並且顯示東晉以後士族清談之中的「名教」，仍然具有重要的現實
意義，決非紙上空文而已。

〔註 19〕余英時著，《中國知識階層史論〈古代篇〉》，（臺北市，聯經出版事業公司，
　　　　民國 73 年 2 月再版），頁 332。

〔註 20〕陳戰國對「名教」亦有一簡明定義可供參考：「所謂『名教』，就是把符合封
　　　　建統治階級利益的政治觀念，道德觀念，立爲名分，定爲名目，號爲名節，
　　　　制爲功名，以之來進行教化，規範人們的言行。」見許抗生等著《魏晉玄學
　　　　史》，（西安市：陝西師範大學出版社，1989 年第一版），頁 206。

〔註 21〕繼嵇康創造「名教」一詞後，袁宏是第一個大量使用的人，其後此詞便順理
　　　　成章地廣泛流行起來。

　　至於「自然」的意涵，魏晉玄學家們在「名教」與「自然」之辨的前提下，雖然對「名教」的處置態度與評價不盡相同，卻一致推崇「自然」。〔註22〕只是，他們對「自然」的見解眾說紛紜，莫衷一是。究其原因，「自然」一詞在中國哲學裡本是個非常複雜、意義豐富的概念。〔註23〕簡要地說，魏晉玄學甚至整個中國思想中「自然」一詞的意義，並不適合單純透過西方因果法則意義下的「自然」（nature）來進行理解；因為中國的「自然」概念是產生於對既存的人倫價值的批判。「自然」一詞初始之意，原是形容萬物的存在樣式和運動形態的詞彙，屬於副詞或形容詞之類；而不是一種有關實在或對象的「自然」意義底下的名詞。〔註24〕之後在思想史的展開中，「自然」也含有「自然而然」等意義。總之，玄學家不論是對於形上「自然」之道的理解，或對於萬物本性「自然」的規定，以及「自然」與「名教」的關係等等，都有不同的看法。例如王弼注解《老子‧二十五章》「道法自然」云：「自然者，無稱之言，窮極之辭也。」〔註25〕顯示「自然」超出了吾人言辭所能明確指謂的範圍。由此可知，有關玄學中「自然」一詞的意涵，必須依據各個思想家自己的理論系統來詮釋；相較於「名教」而言，恐更難給予「自然」一個固定不變的界說。也因此，在各個玄學家的理論中，基於對「名教」的不同處置態度，以及使用「自然」一詞時的多重歧義，「名教」與「自然」遂呈現

〔註22〕　參閱湯用彤著，《魏晉玄學論稿》，收錄於《魏晉思想甲編五種》，（臺北市：里仁書局，民國73年1月版），頁132。

〔註23〕　楊儒賓著，〈向郭莊子注的適性說與向郭支道林對於逍遙義的爭辯〉，頁95云：「西方思想史中『自然』（Nature）一辭，據 Lovejoy 與 Boas 的統計，可以有六十六種意義；……中國『自然』一辭的涵義想必也不少。」收錄於《史學評論》，第九期，民國74年1月。

〔註24〕　就「自然」的性質而言，是有關那相對於主體來說的客體，亦即有關物或萬物，而由主體所表達的一種詞彙。此處所述中國思想中「自然」一詞的性質和意涵，及其中所蘊含的對既存人文價值的批判意義，參考池田知久著，〈中國思想史中的「自然」概念——作為判斷既存的人倫價值的「自然」〉，收錄於沈清松主編，《中國人的價值觀——人文學觀點》，（臺北市：桂冠圖書股份有限公司，1994年8月再版一刷），頁84～87。

〔註25〕　《老子周易王弼注校釋》，頁68云：「《文選》〈游天台山賦〉李善注引此句作『自然，無義之言，窮極之辭也』。又，洪頤煊《讀書叢錄》說：『《辨正論》卷七引《老子》「人法地，地法天」四句，王弼云：「言天地之道，並不相違，故稱法也。自然無稱窮極之辭，道是智慧靈巧之號」。與今本王弼注不同。今本王弼注明代始出，或後人擬拾爲之』。」

出「本末」、「玄同」或「越名教而任自然」等各種思想架構下同異合離的關係。〔註26〕

第四節　兩漢至魏晉的名教之治及其危機

顧炎武在《日知錄》卷十三的「名教」條云：

> 自其束髮讀書之時，所以勸之者，不過所謂千鐘粟、黃金屋；而一旦服官，即求其所大欲。君臣上下，懷利以相接，遂成風流，不可復制。後之為治者，宜何術之操？曰：唯名可以勝之。名之所在，上之所庸，而忠信廉潔者，顯榮於世；名之所去，上之所擯，而怙侈貪得者，廢錮于家。即不無一二矯偽之徒，猶愈於肆然而為利者。南史有云：「漢世士務修身，故忠孝成俗。至於乘軒服冕，非此莫由。」晉、宋以來，風衰義缺。故昔人之言，曰名教、曰名節、曰功名。不能使天下之人，以義為利，而猶使之以名為利。雖非純王之風，亦可以救積污之俗矣。……漢人以名為治，故人材盛；今人以法為治，故人材衰。〔註27〕

顧氏將「名教」釋為「以名為教」，認為「漢人以名為治，故人材盛」，對漢代重視名教、名節、功名的政策，與「忠孝成俗」的風氣，給予極高的評價。顧氏的看法可謂獨樹一幟，因為漢代名教之治的成效，尤其到了東漢後期，是否堪稱人材鼎盛、風俗純善？再者，在提倡名教、「以名為治」的現實世界中，是否僅有「一二矯偽之徒」的流弊？要釐清顧炎武的評論究竟是符合實情，抑或太過理想化，必須檢視漢朝名教制度發展的始末，才有助於辨明魏晉時代名教問題的脈絡。

追溯「以名為教」的歷史源頭，乃在漢武帝時期。董仲舒於《天人三策》中云：

> 道之大原出于天，天不變，道亦不變。是以禹繼舜，舜繼堯，三聖相受，而守一道，無救弊之政也。〔註28〕

〔註26〕　參閱周大興著，《王弼玄學與魏晉名教觀念的演變》，（中國文化大學哲學研究所博士論文，民國84年12月），頁7。

〔註27〕　黃汝成撰，《日知錄集釋》，（臺北市：國泰文化事業公司，民國69年1月初版），頁312。

〔註28〕　楊家駱主編，班固等著，《新校本漢書并附編二種》，共5冊，（臺北市：鼎文書局股份有限公司，民國75年10月6版），卷五十六，〈董仲舒傳〉，頁2495。

「道」反映了天的意志和絕對的規準，而「天」則是人世仁義制度之數的根據。此「道」即「王道」；〔註29〕而王道的具體內容，就是所謂「三綱」，《春秋繁露》云：

> 君臣、父子、夫婦之義，皆取諸陰陽之道。君爲陽，臣爲陰，父爲陽，子爲陰，夫爲陽，妻爲陰，陰陽無所獨行，其始也不得專起，其終也不得分功，有所兼之義。……王道之三綱，可求於天。【《春秋繁露·基義》】

君臣、父子、夫婦等所謂「三綱」，皆源天立制，故曰「王道之三綱，可求於天」。這是董仲舒基於其天人對稱感應的思想，將此三項倫常關係，納入「陽尊陰卑」的格套中。〔註30〕至於「三綱」的說法，還可以推溯至《韓非子》：

> 臣之所聞曰：「臣事君，子事父，妻事夫。三者順，則天下治；三者逆，則天下亂。」此天下之常道也，明王賢臣而弗易也。〔註31〕

董仲舒亦云：「是故治國之端在正名。」【《春秋繁露·玉英》】可知其有所取於《韓非子》的觀點，進而將孔子提倡的「正名」說予以法家化。臣事君，子事父，妻事夫的三綱說，一方面提振了君權，父權和夫權的地位，另一方面也形成了位差倫理。〔註32〕漢代之所以提倡名教，肇因其建國於秦朝大肆破壞思想文化之後，面對一個百廢待舉的歷史環境，勢須重新尋求一種文化之確立。是以名教之治原有的重要意義，即在從事禮制文化之制定。不過，漢朝的名教有別於西周的禮樂制度，並未建構一種形而上的道德理念作爲文化之導引；而是在董仲舒等漢儒的學說架構下，於百家雜揉中選擇了陰陽五行的神祕思想，作爲政權合法之基礎。

再者，漢代名教之治特別標榜「忠」與「孝」兩個德目。如《呂氏春秋》所云：

> 人臣孝，則事君忠，處官廉，臨難死。士民孝，則耕芸疾，守戰固，

〔註29〕董仲舒著，《春秋繁露》云：「道，王道也。」見賴炎元註譯，《春秋繁露今註今譯》，（臺北市：臺灣商務印書館股份有限公司，民國73年5月初版），卷第四，〈王道〉，頁87。本論文所引用《春秋繁露》的文字，皆根據此版本，之後引用，只註明書名及篇名，不另加註。

〔註30〕參閱曾春海著，〈魏晉「自然」與「名教」之爭探義〉，頁45。

〔註31〕張素貞校注，《新編韓非子》，上下冊，（臺北市：國立編譯館，民國90年3月初版），下冊，第二十卷，〈忠孝第五十一〉，頁1409。

〔註32〕參閱曾春海著，《竹林玄學的典範——嵇康》，（臺北市：萬卷樓圖書有限公司，民國89年3月初版），頁55。

不罷北。夫孝，三皇五帝之本務，而萬事之紀也。〔註33〕

很明顯的，孝的道德品行之價值被轉化到政治方面，滿足「事君忠」、「處官廉」、「守戰固」的工具價值。在鞏固漢政權的大前提下，「孝可轉成忠」的觀念被大力提倡，《孝經》遂成爲維護君權必讀之經典。發展至東漢，所謂「求忠臣必於孝子之門」的說法，已被視爲不移之至理。〔註34〕《孝經》不止強調「名份」、「忠君」，更宣導致孝以揚名的觀念，對士風造成深遠的影響。《孝經》〈廣揚名〉章云：

> 君子之事親孝，故忠可移於君。事兄悌，故順可移於長。居家理，
> 故治可移於官。是以行成於內，而名立於後世矣。〔註35〕

是以漢代取士用人，特重「忠」、「孝」等德行；其德行之高下，則諮詢於鄉黨清議。所以士人若在鄉里素有德名，即可由「薦舉」、「徵辟」之途入仕，逕取富貴。西漢重視的是賢良方正之士，而東漢則崇尚名節，偏取孝廉之士。就在主政當局以功名利祿相誘，配合士人之間濃厚的好名求仕心態作祟下，導致社會風俗漸趨誇飾不實，名教之治的危機逐漸浮現。如《後漢書》所述：

> 漢初詔舉賢良、方正，州郡察孝廉、秀才，斯亦貢士之方也。中興
> 以後，復增敦樸、有道、賢能、直言、獨行、高節、質直、清白、
> 敦厚之屬。榮路既廣，觖望難裁，自是竊名僞服，浸以流競。權門
> 貴仕，請謁繁興。【《後漢書・左雄傳》】

當薦舉、徵辟的取才管道，決定仕途成敗關鍵皆「依憑名聲」時，各種「矯俗干名」、「沽名釣譽」、「竊名求仕」的行徑便蔚然成風，嚴重腐蝕了名教的實質基礎。〔註36〕士人爭相標榜以激揚名聲的現象，到了漢魏之際越演越烈，

〔註33〕　朱永嘉等注譯，《新譯呂氏春秋》，上下冊，（臺北市：三民書局股份有限公司，民國84年8月初版），上冊，卷十四，〈孝行覽〉，頁668。

〔註34〕　曾春海著，《竹林玄學的典範——嵇康》，頁72云：「西漢末東漢初係緯書盛行期。說讖言緯者，藉以逢迎時君，圖取高位。《孝經》實質上已成爲教忠的『忠經』了。」

〔註35〕　陳鐵凡著，〈孝經今古文傳解注彙輯〉，收錄於《孝經學源流》，（臺北市：國立編譯館，民國75年7月初版），頁345～346。

〔註36〕　這種現象一如清儒趙翼所描述：「馴至東漢，其風益盛。蓋當時薦舉、徵辟，必採名譽，故凡可以得名者，必全力赴之。好爲苟難，遂成風俗。……故志節之士，好爲苟難，務欲絕出流輩，以成卓特之行，而不自知其非也。」見其所著，《二十二史劄記》，（臺北市：洪氏出版社，民國67年10月再版），卷五，〈東漢尚名節〉條，頁61～62。

因此曹操崛起之後，崇尚法治，著重考核，頒佈「唯才是舉」的取士辦法。〔註37〕「九品中正制」，就是在這樣的時代背景下形成。但是曹魏政權衡量現實形勢的利害，卻又不得不和當時的豪門大族妥協，中正制「用人唯才」的原則遂大打折扣。之後，出身經學世家的司馬氏當權，其政權基礎更加仰賴世族豪門的支持。於是，家世背景的高低逐漸成為中正制「量才取人」的主要依據，門閥制度於焉產生。

審視魏晉之際，亦即嵇康所處的時代，豪門大族為鞏固既得的政權和現實利益，用心營造尊經尊儒的風尚，刻意標榜道德禮法之治。司馬氏政權所任用的重臣如王祥、何曾、荀顗等，皆出自經學世家，高倡「忠」、「孝」、「廉潔」等德目品行，推行執「名」定「規」的名教。然而「事實上，他們之中有的人只是戴著道德面具，披著禮法外衣的偽君子，為貪圖一己的權位榮華不惜賣己求榮，或奢侈無度」。〔註38〕這就是「剛腸疾惡、遇事便發」的嵇康所面對的時代，〔註39〕無怪乎他在〈釋私論〉中直言不諱地主張「越名教而任自然」，其內心對虛假「名教」的激憤不滿，可想而知。

綜觀以上所述漢初以來名教之治的歷史演變過程，可以窺知儒家原本講求自我實踐的道德理想，終於一步步地被扭轉走入外鑠性的權威倫理之路。自東漢以降，政治與社會層面的名教制度危機日趨嚴重，顧炎武所讚賞的「以名為治」的政策，已逐漸失去維繫人倫秩序的真實價值，淪落為空洞僵硬的教條，成為熱衷仕途的士人攀緣富貴的繩索，甚至是政權操縱打擊異己的工具。

總括來說，名教政策及其學術理論的建立，可溯源於漢武帝之時；而東漢之後的名教危機，則持續相當長的一段時間。若從名教與自然衝突的角度看，從漢末以迄魏晉這段歷史，可以概分為兩個階段：前期自漢末至西晉統一，此時名教危機主要暴露在政治秩序方面，其中以「竹林七賢」反抗性的放達最具代表意義，嵇康自稱「非湯武而薄周孔」，〔註40〕倡言「越名教而任

〔註37〕 曹操從建安八年至二十二年間，共下令四次求才令，宣布重才能輕德行的擢人標準，致力削弱朋黨及清議之風，對士人觀念亦造成一定的衝擊。《文心雕龍·論說》即云：「魏之初霸，術兼名法。」《晉書·傅玄傳》亦謂：「近者魏武好法術，而天下貴刑名；魏文慕通達，而天下賤守節。」

〔註38〕 曾春海著，《竹林玄學的典範——嵇康》，頁56～57。

〔註39〕 嵇康〈與山巨源絕交書〉自述云：「剛腸疾惡，輕肆直言，遇事便發。」

〔註40〕 嵇康〈與山巨源絕交書〉云：「又每非湯、武，而薄周、孔；在人間不止此事，會顯世教所不容。」

自然」，尤其能夠突顯此階段名教與自然衝突的政治性格。其次爲西晉以後，司馬氏政權和勢族高門緊密結合，「名教與自然」在政治方面的矛盾實際上已不復存在，而名教危機、名教與自然的衝突轉向社會秩序、家族倫理方面。王澄、胡母輔之等「名士」所謂「元康之放」，繼承並擴大了竹林玄學「越名任心」，甚至「廢禮任情」的精神，情與禮的衝突極度尖銳化。郭象注《莊》所云「禮者，世之所以自行耳，非我制」、【《郭象注莊・大宗師》】「夫知禮意者，必遊外以經內，守母以存子，稱情而直往也」，【同上】即是在這樣的時代背景之下表現出的玄學思想。據此可知，直到西晉之後，「自然與名教」或「情與禮」的衝突問題，仍然盤據著思想家的內心，激盪未已。

第五節　名教與自然的根本問題

　　如前所述，玄學中與「自然」成爲對應的「名教」一詞，正式出現於嵇康的〈釋私論〉；而「名教」政策的制定，則可追溯至漢武帝時期。但若從思想史的源流探究「名教與自然」問題的濫觴，則須遠溯先秦的孔子與老子。〔註41〕孔子提出「正名」說，實即強調「依名爲教」，〔註42〕對於人倫秩序與禮樂制度，採取正面維護的態度。而「自然」一詞在中國思想史上首次出現，並被賦予豐富的哲學闡釋，就在《老子》之中。〔註43〕前者重視「名教」，後者崇尚「自然」，各有不同的取向。是以，著名的「三語掾」故事云：

　　　　（王）戎問曰：「聖人貴名教，老莊明自然，其旨同異？」瞻曰：「將

〔註41〕郭梨華云：「雖說『自然／名教』是魏晉阮、嵇作爲哲學問題的探討而提出，且以名爲教化之標的之歷史源頭可溯源至漢武帝時，但是得以『以名爲教』之事實，實際上不能不導源至先秦中對『名／禮』之事實性與問題性的探究，在中國歷史中第一次關注此一問題並提出哲學性質之分析與說明的，確實是孔子與老子。」見其所著，《王弼之自然與名教》，（臺北市：文津出版社，民國84年12月初版），頁47。

〔註42〕孔子「正名」的實義，據唐君毅的解釋：「所謂正名，實即教人由顧念其在倫理關係中有何名，即當求有其德，以合于其名。然此中人之有其名者，未必實有其德。則此德爲當有，而非實有。此孔子之正名之教，亦即教人知其既有此名，便依此名，而自命令其自己，以實有此德之教。然人不知或不重其有此名時，即不能依之以自求有實德，故此孔子之教，即依名爲教，而可稱爲名教也。」見其所著，《中國哲學原論〈原道篇卷二〉》，（臺北市：臺灣學生書局，民國75年10月全集校訂版），頁6。

〔註43〕參閱張岱年著，《中國古典哲學概念範疇要論》，（北京市：中國社會科學出版社，1989年第一版），頁79～80。

無同？」戎咨嗟良久，即令辟之。時人謂之三語掾。【《晉書‧阮瞻傳》】

王戎直言「聖人貴名教，老莊明自然」，顯示魏晉玄學「名教與自然」問題，確實涉及儒道兩家的思想；而令他咨嗟良久、深爲讚賞的答案「將無同」，則顯示在儒道融合的趨勢上，表徵道家的「自然」與表徵儒家的「名教」成爲調和的主題。由此亦可見「儒道同言，而期有所會通」，〔註44〕正是玄學的主要特色。何晏〈無名論〉中所引夏侯玄之說法，亦可作爲佐證：

> 天地以自然運，聖人以自然用。〔註45〕

這是玄學初興階段，夏侯玄言簡意賅的命題。對此，余敦康有精闢的解析：「『天地以自然運』並不是玄學的新意所在，因爲這個命題早已由先秦的老莊提出，後來又由漢代的《淮南子》和王充作了詳細的論證，……玄學的創新不是這種古已有之的自然主義，而是自然與名教的內在聯結，因此，『聖人以自然用』這個命題才是玄學的發明創造，體現了玄學家超越於前人的天人新義。」〔註46〕此一會通儒道、聯結名教自然的「天人新義」與玄學旨趣，也同樣展現在後期郭象的思想中，其〈莊子序〉云：

> 然莊生雖未體之，言則至矣。通天地之統，序萬物之性，達死生之變，而明内聖外王之道。【《郭象注莊‧序》】

郭象所說，莊子言雖至而猶未體證的「内聖外王之道」，與夏侯玄所述「聖人以自然用」的命題，實際上都反映了他們處理「名教與自然」的態度，雖然方法有別，但理想卻相同。〔註47〕儘管許多玄學家以各式各樣的理論和方法，企圖聯結、融合「名教」與「自然」，解決這個重要而棘手的問題；可是這個讓嵇康不惜付出生命代價去印證的衝突問題，果眞已經在這些玄學的理論或現實的世界中，獲致圓滿而有效的解決？爲了進一步釐清此問題的根本，茲舉葛洪《抱朴子》爲例，檢視漢魏之際的社會現象：

> 漢之末世，則異於茲，蓬髮亂鬢，橫挟不帶，或褻衣以接人，或裸

〔註44〕 牟宗三著，《才性與玄理》，（臺北市：臺灣學生書局，民國72年8月修訂6版），頁79。

〔註45〕 語出張湛注，《列子‧仲尼》「蕩蕩乎民無能名焉」句，引何晏〈無名論〉。見張湛注，《列子》，（臺北市：藝文印書館，民國64年9月3版），頁52。

〔註46〕 參閱余敦康著，《何晏王弼玄學新探》，頁361～362。

〔註47〕 任繼愈主編，《中國哲學發展史（魏晉南北朝）》，頁156云：「在魏晉這段歷史時期，名教與自然的結合是那個時代的共同的理想，也是當時的時代精神之所在。」

袒而箕踞，朋友之集，類味之遊，莫切切進德，闇闇修業，攻過弼
違，講道精義。其相見也，不復敘離闊，問安否。賓則入門而呼奴，
主則望客而喚狗。其或不爾，不成親至，而棄之不與爲黨。及好會，
則狐蹲牛飲，爭食競割，掣、撥、淼、摺，無復廉恥。以同此者爲
泰，以不爾者爲劣。終日無及義之言，徹夜無箴規之益。詆引老、
莊，貴於率任。大行不顧細禮，至人不拘檢括。嘯傲縱逸，謂之體
道。嗚呼惜乎！豈不哀哉？〔註48〕

葛洪生動地刻劃漢末士人放蕩乖張的行爲，痛心禮教風俗的衰敗。然而，值
得細加思索的是，所謂「大行不顧細禮，至人不拘檢括」，除了視爲狂妄之詞
外，還須注意其中所顯示的一層重要意義：即士人自我意識的覺醒，所造成
個人言行與社會倫理規範之間的衝突問題。這些背離當時禮教觀念的事跡，
從另一個角度觀察，實亦屬他們在精神上要求打破世俗桎梏的一種具體表
現。此亦如《世說新語・德行》注引王隱《晉書》所述：

魏末，阮籍嗜酒荒放，露頭散髮，裸袒箕踞。其後貴游子弟阮瞻、
王澄、謝鯤、胡毋輔之之徒，皆祖述於籍，謂得大道之本。故去巾
幘，脫衣服，露醜惡，同禽獸。甚者名之爲通，次者名之爲達也。

〔註49〕

王隱以「嗜酒荒放」、「裸袒箕踞」，描寫阮籍恣肆的形貌。但是，在這些不顧
世俗駭異眼光的行徑背後，他真正的心境卻是這樣的：

鴻鵠相隨飛，飛飛適荒裔。雙翮凌長風，須臾萬里逝。朝餐琅玕實，
夕宿丹山際。抗身青雲中，網羅孰能制？豈與鄉曲士，攜手共言誓！

〔註50〕

此詩透露了身處名教世界中的阮籍，所想追求的其實是一種無拘無束、自由
自在的精神境界。若不能把握此一精神，如元康年間王澄、謝鯤者流，專以
「去巾幘，脫衣服，露醜惡，同禽獸」爲能事，雖自稱「通達」，但眩人耳目
之餘，已失去前人反抗名教拘束的實質內涵，徒然製造自我與社會、自然與

〔註48〕　陳飛龍註譯，《抱朴子外篇今註今譯》，（臺北市：臺灣商務印書館股份有限公
　　　　　司，民國 91 年 1 月初版 1 刷），〈疾謬〉，頁 376。
〔註49〕　〈德行〉篇第 23 條注引王隱《晉書》。見楊勇著，《世說新語校箋〈上冊修訂
　　　　　本〉》，頁 23。
〔註50〕　〈詠懷詩〉，其四十三。見陳伯君校注，《阮籍集校注》，（北京市：中華書局，
　　　　　1987 年 10 月版，2004 年 6 月重印），頁 332。

名教之間更深的裂痕。〔註51〕對此，東晉時戴逵就曾評論說：

> 若元康之人，可謂好遯跡而不求其本。故有捐本拘末之弊，舍實逐
> 聲之行。是猶美西施而學其顰眉，慕有道而折其巾角。所以爲慕者，
> 非其所以爲美，徒貴貌似而已矣！【《晉書‧戴逵傳》】

他一針見血地指出元康名士模仿竹林遺風的荒誕與偏差。姑且不論其內在精
神是否與前人一致，他們那些跡近野蠻癲狂的行爲，則在現實的人文世界中，
更加猛烈地衝撞了搖搖欲墜的名教，也更明顯地暴露自我意識及個體自由，
與社會群體道德規範的衝突和矛盾。此實是名教與自然的根本問題所在。

劉勰在《文心雕龍‧才略》中準確地概括了嵇康與阮籍的文采特色云：

> 嵇康師心以遣論，阮籍使氣以命詩：殊聲而合響，異翮而同飛。

〔註52〕

雖然嵇康和阮籍的才力各有專擅，但兩人「殊聲而合響，異翮而同飛」，他們
對自我意識的強調和對精神境界的嚮往則是相同的。〔註53〕是以，前述阮籍
掙脫名教束縛追求自由的心境，元康諸人不能細察，而嵇康則能體會，〈難自
然好學論〉云：

> 六經以抑引爲主，人性以從欲爲歡。抑引則違其願，從欲則得自然。
>
> 然則自然之得，不由抑引之六經；全性之本，不須犯情之禮律；固
> 知仁義務于理僞，非養眞之要術；廉讓生于爭奪，非自然之所出也。

「六經」、「禮律」代表名教的實際內容，對於人性自然的情感與欲望來說，
是抑引、限制，甚至是侵犯、違其所願的。嵇康在此清楚地分辨，名教的仁
義規範與人性自然的情欲之間，不能相容的本質。此一觀點與其「越名教而
任自然」的主張，是若合符節的。

〔註51〕 余英時著，《中國知識階層史論》，頁370云：「名教危機下的魏晉士風是最近
於個人主義的一種類型，這在中國社會史上是僅見的例外，其中所表現的『稱
情直往』，以親密來突破傳統倫理形式的精神，自有其深刻的心理根源，即士
的個體自覺。」

〔註52〕 周振甫譯注，《文心雕龍》，（臺北市：錦繡出版事業股份有限公司，民國 81
年4月初版），頁218。

〔註53〕 余敦康云：「所謂『師心以遣論』，是說根據自己的獨立思考和理性判斷來寫
作論文。所謂『使氣以命詩』，是說根據自己眞切的感受直抒胸臆來寫作詩歌。
劉勰認爲，嵇阮二人『殊聲而合響，異翮而同飛』，雖然各有特點，但是所抒
發的心聲以及所追求的目標卻是共同的。」見其所著，《魏晉玄學史》，（北京
市：北京大學出版社，2004年12月第一版第一刷），頁310。

　　總結而言，玄學本質上是以本體論為理論基礎的內聖外王之道，凝聚了魏晉之時思想家的哲學探索與價值理想。如果說儒家追求的是道德上的理想人格，而道家追求精神上的自由自在，玄學則是對二者的調和。此外，從實際政治社會的層面考察，玄學因應時代的需要而產生，著重於批判和調整現實世界，針對當時名教之治、名法之治的種種流弊，構築起理想的政治藍圖，具體表現出當時知識份子對於合理的社會存在的熱切盼望。因而，玄學可以說是魏晉那個特定時代精神的菁華。關於名教與自然問題的討論背後，其實包含著以宗族組織的力量和文化價值的原則，來規範政治和社會運作過程的積極人文意義。〔註54〕

　　然則，名教與自然的衝突問題究竟如何尋求圓滿的解決？從個體與群體存在的關係來看，自我意識及行為與人倫社會的公共規範，兩者如何兼顧、維持相互和諧的發展？「自然與名教」的衝突，以現今語言釋之，即「自由與道德」衝突的問題，〔註55〕究竟是否可能有效地化解與調和？嵇康與郭象這兩位具代表性的魏晉玄學家，實際上如何回應這些問題？這些問題正為本論文關注的焦點。

〔註54〕唐長孺認為：「魏晉玄學家抬出道家來有兩種意義：一是重新發揮老子無為而治的主張，指導怎樣作一個最高統治者，這種政治主張隨著門閥的發展與鞏固，實質上是要削弱君權，放任世家大族享受其特權；其二是一些不得意的士人，以憤世嫉俗的心情提出『自然』來反抗當局所提倡的名教。」見其所著，《魏晉南北朝史論叢〈外一種〉》，（石家莊市：河北教育出版社，2002年1月第1版第2次印刷），頁310。此外，陳明則認為，削弱君權之後，即是要凸顯出當時人們所普遍崇奉的宗法社會、家族制度的文化理想和價值取向。參閱其所著，〈六朝玄音遠 誰似解人歸——大陸玄學研究四十年的回顧與反思〉，頁21。

〔註55〕這裡所說與道德形成衝突的「自由」，是指主觀性或個體性的自由，尤其是就感性主體恣情縱欲之自由而言；而非孟子所說德性主體「由仁義行」意義下之自由，亦非康德倫理學中能不受自然因果所限制而自定法則之意志自由。牟宗三指出：「王弼、嵇康、向秀、郭象之玄理，雖于道家思想有貢獻，于學術亦非無價值，然『儒墨之迹見鄙，道家之言遂盛』，（《晉書》卷四十九〈向秀傳〉語），其影響於生活與一般時代之風氣，亦不能無嚴重之流弊。此有二端可說：一、士大夫之『祖尚浮虛』（王衍語），『浮文妨要』（王右軍語）。此即入西晉後之官僚名士，袁彥伯〈名士傳〉中所謂『中朝名士』也。二、一般知識分子之生活放蕩，不遵禮法。此由竹林名士而來，入西晉後，有所謂八伯八達也。此雖分作兩面說，然基本精神乃是自然與名教之衝突，以今語說之，即自由與道德之衝突。」見其所著，《才性與玄理》，頁358。

第四章　嵇康與郭象名教與自然思想背景之比較

　　論及一位思想家，自須對他的時代和思想背景有所瞭解。雖然處於同一時代中，各人有不同的性格、精神面貌、思想承襲，以及對時代的感受，不能一概而論。不過，就整個歷史的大環境而言，則是任何一位思想家，都有其無法跳脫的影響與限制。

　　嵇康處於東漢末年以迄魏晉交替的時代。彼時曹魏雖然執政，但出身低微寒門，與反對勢力的司馬氏相比，社會地位有如天淵之別。正始元年（西元 240 年），大將軍曹爽輔國，延攬名士何晏、丁謐、鄧颺、夏侯玄等，委以重任。一時之間，頗有興革氣象。然蟄伏的司馬懿於嘉平元年（西元 249 年）策動「高平陵事件」，盡誅曹爽同黨，「正始之音」戛然而止，世族與寒門勢力亦自此消長。爾後曹魏政權表面上又維持了十餘年，實則只是傀儡而已，政令皆出於司馬氏；為達成其奪取天下的野心，著手排除殘餘阻力，消滅異己。嵇康適逢如此變局，終因某些激烈的言行而遭殺害。

　　此外，兩漢的經學、黃老思想及東漢創立的道教思想，對漢代有長期而顯著的影響；魏晉的思想領域也沿襲漢代傳統的遺緒，不過在時代的反省批判中逐漸轉向玄學。東漢末年，先是董卓之亂引發一連串兵燹，毀滅了長安及洛陽兩大文化中心，居學術思想正統的儒學失去領導中樞。繼而曹操推行法治政策，唯才是舉，不計品德，「魏武三詔令」公然輕視儒家所講求的孝悌節義，影響風氣人心尤甚，較董卓之亂有過之而無不及。如史書所云「*魏武好法術，而天下貴刑名；魏文慕通達，而天下賤守節*」【《晉書・傅玄傳》】。

儒術經學於焉卸下長久扮演的主流角色，老莊之學重獲士人青睞，而清談和玄學也由是興起。嵇康處在此一重大的時代變遷中，是形塑其思想不可忽視的因素。

而郭象面對的時空，則是西晉從開國到衰亡的整個過程。此時期為中國歷史強弱盛衰的一大分水嶺。武帝平吳，結束漢獻帝以降九十多年的戰亂分裂。天下雖一統，卻無新興氣象，舉國上下浸淫在奢侈腐敗的沉沉暮氣中，形成西晉開國的衰象。蓋武帝承父祖餘蔭而為開國之君，素以「荒淫怠惰，遺患後嗣」著稱，所談只是平生常事，缺乏經國宏圖。且曹魏所提掖的才智之士早已被誅除淨盡，朝中多屬無德無才，攀雲附翼之徒，彼此勾結傾軋。惠帝繼立，更是史上罕見的愚騃皇帝，引發慘烈的流血內鬨，八王輪番挾持惠帝專政，相互殘殺，幾無寧日。計自元康元年（西元 291 年）至光熙元年（西元 306 年），前後達十六年之久，尤以永康元年（西元 300 年）之後數年最為慘烈，死難的士民兵卒，共二十餘萬人，史稱「八王之亂」。

當司馬氏諸王忙於骨肉相殘之際，中國境內的胡族乘機崛起。永嘉二年（西元 304 年），劉淵叛晉獨立，揭開胡人叛亂的序幕。同時，大旱疾疫連年流行，百姓饑饉，相聚奔波求食，更引起大規模人民流徙的狂潮。流民因生活困難，又備受地方土豪欺壓，經常爆發變亂。胡族叛亂與流民變亂交織紛擾，天下形勢嚴重崩壞，晉室衰敝不堪。永嘉五年（西元 311 年），石勒進犯，於苦縣一役，殲滅將士十餘萬人，王公大臣亦悉數被俘，晉室主力至此全部淪喪。同年，劉聰攻陷洛陽，縱兵大掠，屠戮王公士民三萬餘人，擄懷帝北去，史稱「永嘉之禍」。戰爭連年不斷，關中殘破，人民流離失所，難以從事生產，導致饑荒。如此惡性循環，使開發已千年的中原地方，竟至白骨蔽野，千里無炊。永嘉之禍可謂中國歷史上的巨大風暴，在此之前，中國內部空間原是以漢民族活動為中心的歷史，自懷愍二帝相繼蒙塵，晉室南渡，於江左建立偏安政權，整個北方遂成為胡族建國的大舞臺。

身處魏晉苦難的亂局，嵇康與郭象在探索名教與自然的玄學主題時，各自選擇不同的思路和結論，呈現出不盡相同的生命態度和情感色調。這除了鮮明地標識著他們兩人的個性特徵，其實也具體地反映出他們各自所面對的特殊時代。本章分述及比較二者的生平際遇、思想與歷史背景，以還原其理論提出的現實處境，探求其真正的心態。

第一節　嵇康的生平與時代

嵇康字叔夜，譙國銍人。生於魏文帝黃初五年（西元 224 年），卒於陳留王景元四年（西元 263 年）。〔註1〕《晉書·嵇康傳》敘述嵇氏命名的由來：「其先姓奚，會稽上虞人，以避怨，徙焉。銍有嵇山，家於其側，因而命氏。」〔註2〕但這個說法頗爲可疑，因爲在當時的門閥制度之下，改姓是一件非常重大的事，除非迫不得已，人們決不肯拋棄自己家族血統的標幟；而且，若說是爲了避怨，則既已遠避他鄉，又何必改姓？是以，據侯外廬的考證，嵇康「很可能本出寒素，指山爲姓，乃詭稱移徙，由奚改姓」，「考康家居譙國，乃曹魏發迹之地，則自其父由賤族而攀附升騰，實即爲可能之事」。〔註3〕嵇康的父親早逝，由母親孫氏與兄嵇喜撫育，他在〈與山巨源絕交書〉中自稱：「加少孤露，母兄見驕，不涉經學，性復疏懶，筋駑肉緩。」其母逝於景元二年（西元 261 年），嵇康作〈思親詩〉云：

> 思報德兮邈已絕，感鞠育兮情剝裂。嗟母兄兮永潛藏，想形容兮內
> 摧傷。感陽春兮思慈親，欲一見兮路無因。望南山兮發哀歎，感机
> 杖兮涕汍瀾。念疇昔兮母兄在，心逸豫兮壽四海。忽已逝兮不可追，
> 心窮約兮但有悲。上空堂兮廓無依，覩遺物兮心崩摧。中夜悲兮當
> 誰告，獨拭淚兮抱哀戚。親日遠兮思日深，戀所生兮淚流襟。

他在詩中傾訴對母親至深的思念，哀傷逾恆。雖然他自言「不涉經學」，《晉書·嵇康傳》也說他「學不師受，博覽無不該通，長好老莊」，但其〈思親詩〉所流露的眞情至性，卻又契合儒家所闡揚的倫理親情與人間價值。可見嵇康的思想與情感，實際上兼具道家與儒家雙重的面向，吾人觀察他一生的行事與著作，即可以發現這種特質。

嵇康身材特高，神態瀟灑，《世說新語·容止》說：

> 嵇康身長七尺八寸，風姿特秀。見者歎曰：「蕭蕭肅肅，爽朗清舉。」
> 或云：「蕭蕭如松下風，高而徐引。」山公曰：「嵇叔夜之爲人也，

〔註1〕　參見莊萬壽著，《嵇康研究及年譜》，（臺北市：臺灣學生書局，民國79年10
　　　　月初版），頁64、198。

〔註2〕　《世說新語·德行》注引王隱《晉書》亦有相似的說法：「嵇本姓奚，其先避
　　　　怨徙上虞，移譙國銍縣。以出自會稽，取國一支，音同本奚焉。」

〔註3〕　參閱侯外廬著，《中國思想通史》，共六卷，（北京市：人民出版社，2004年4
　　　　月北京第8次印刷），第三卷，頁127～128。

岩岩若孤松之獨立；其醉也，傀俄若玉山之將崩。」〔註4〕

《晉書‧嵇康傳》也說：

康有奇才，遠邁不群。身長七八尺，美詞氣，有風儀。而土木形骸，

不自藻飾，人以爲龍章鳳姿，天質自然。

可知嵇康具有一種超凡脫俗的氣質和形貌。正始九年（西元 248 年），嵇康二十五歲，娶曹魏宗室穆王之孫女爲妻，〔註5〕並因此被選爲郎中，拜中散大夫，不過是一個無職事的閒官。〔註6〕

正始十年（西元 249 年）正月，爆發高平陵事件，太傅司馬懿乘大將軍曹爽兄弟隨侍少帝朝祭高平陵，率軍於洛陽發動政變掌控局勢，後來以叛國罪名夷誅八家，包括曹爽、何晏、丁謐、鄧颺、畢軌、李勝、桓範、張當等皆牽連三族，遇害者逾萬人。在此事件中，以何晏爲首的清談玄論派當權者幾乎全被消滅，「正始之音」於焉宣告結束。〔註7〕曹魏與司馬氏兩大集團鬥爭形勢至此逆轉，此後司馬懿父子對仍具影響力的名士懷有高度戒心，於是採取攏絡與威嚇兼施的策略。彼時抱持理想的知識份子目睹政權篡奪的血腥手段，內心不免蒙上嚴峻冷酷的陰影，處置現實名教的態度於是不得不進行調整。爲求安身立命，有人隱遁山林遠離俗世，有人手執麈尾言及玄遠，也有人放浪形骸縱情酣醉。而嵇康審度政局氛圍，亦辭官而去，從此閒居山陽，不再出仕。

嘉平元年（西元 249 年）以後，何晏、王弼既逝，嵇康才高名盛，雖然

〔註4〕 山濤用孤松獨立形容嵇康之遺俗獨往，超世絕群的孤高，可說是非常相稱的形象譬喻。嵇康身高七尺八寸，換算約等於188.6公分，可謂異常魁梧。參閱何啓民著，《竹林七賢研究》，（臺北市：臺灣學生書局，民國73年2月4版），頁68。

〔註5〕 《世說新語‧德行》注引《文章敍錄》云：「康以魏長樂亭主壻，遷郎中，拜中散大夫。」又《魏書》〈沛穆王林傳〉：「子緯嗣」注引《嵇氏譜》云：「嵇康妻，林子之女也。」「長樂亭主」是曹操的兒子沛穆王曹林的孫女兒，其乃曹魏的遠支親戚，嵇康與曹魏政權之關係並不深厚，故非嵇康遇害的主因。

〔註6〕 何啓民云：「考嵇康之女生於正始十年（西元 249 年）可以推算嵇康之結婚，及因此而被選爲郎中，拜中散大夫，莫不在正始的十年間。因爲嵇康所做的這兩個官，郎中，比三百石，第八品，無員；中散大夫，六百石，第七品，無員，皆爲冗散閒官，無職事，可以看出來，這全然是由於嵇康與魏宗室婚姻的結果。」見其所著，《中國歷代思想家（六）》〈嵇康〉，（臺北市：臺灣商務印書館股份有限公司，民國89年8月更新版第2次印刷），頁6～7。

〔註7〕 王弼亦病逝於此年（西元 249 年）秋天。

避世鍛鐵，[註8]但其言行風範仍為天下士人所矚目，儼然一代清流領袖。他
和阮籍、山濤等人時常於竹林之下暢游，世稱「竹林七賢」。《世說新語‧任
誕》云：

> 陳留阮籍、譙國嵇康、河內山濤三人年皆相比，康年少亞之。預此
> 契者，沛國劉伶、陳留阮咸、河內向秀、琅邪王戎。七人常集於竹
> 林之下，肆意酣暢，故世謂「竹林七賢」。[註9]

竹林七賢並不是一個有組織的政治或學術團體，他們相互間的交往在時間上
前後不一，而且結合的時期也是短暫的，主要是在正始末年到嘉平年間。[註
10]他們聚集交往的地方，就是以嵇康居住的山陽為中心。竹林七賢的狂放酣
醉，其實是對司馬氏集團殘暴行徑的一種消極抗議。老莊思想成為此時對現
實世界失望的知識份子心靈的寄託，例如嵇康的〈四言詩〉云：

> 斂弦散思，遊釣九淵。重流千仞，或餌者懸。猗與莊老，棲遲永年。
> 實為龍化，蕩志浩然。

詩中具體描寫其竹林生活的悠游自適。但另一方面，《晉書》記載王戎「自言
與康居山陽二十年，未嘗見其喜慍之色」，【《晉書‧嵇康傳》】阮籍「喜怒不
形於色」，【《晉書‧阮籍傳》】劉伶「澹默少言，不妄交遊」。【《晉書‧劉伶傳》】
由此可知竹林名士身處魏晉之際的慘烈變局，在他們放蕩閑散的外表下，內
心實懷著極深的戒慎與憂患。然而，竹林七賢在政治上的進退出處與思想傾
向並非完全一致，隨著政爭態勢的明朗和司馬氏對異己勢力迫害的加重，很
快便分化了。山濤與王戎迫於現實，在司馬師繼任大將軍後投效其陣營；阮
籍也不得已而出任從事中郎，被司馬氏安排於其左右醒目的位置，成為拉攏
士族的表徵。約至嘉平五年（西元 253），竹林七賢在山陽聚遊的活動便告解
散了。唯有「剛腸疾惡」的嵇康，面對強權始終保持超然的立場，既不趨附
曹爽，對於司馬氏集團的威脅利誘也不肯屈從。他這種堅持自我，不與現實

〔註8〕 《晉書‧向秀傳》：「康善鍛，秀為之佐。」

〔註9〕 《世說新語‧文學》注引袁宏〈名士傳〉亦云：「宏以夏侯太初、何平叔、王
輔嗣為正始名士，阮嗣宗、嵇叔夜、山巨源、向子期、劉伯倫、阮仲容、王
濬沖為竹林名士，裴叔則、樂彥輔、王夷甫、庾子嵩、王安期、阮千里、衛
叔寶、謝幼輿為中朝名士。」

〔註10〕 參閱曾春海著，《竹林玄學的典範——嵇康》，頁5。而何啓民則認為：「竹林
諸人，但如建安之七子，正始、中朝之名士，不過後人一時意興所至，聊加
組合耳。竹林七賢，名屬後起；竹林之事，亦難信真。然七賢生時固有所交
往遇合也。」見其所著，《竹林七賢研究》，頁12。

妥協的性格與風骨，由他對待鍾會來訪的態度即可見一斑。據《魏書‧王粲傳》注引《魏氏春秋》云：

> 鍾會爲大將軍所昵，聞康名而造之。會，名公子，以才能貴幸，乘肥衣輕，賓從如雲。康方箕踞而鍛，會至，不爲之禮。康問會曰：「何所聞而來？何所見而去？」會曰：「有所聞而來，有所見而去。」會深銜之。大將軍嘗欲辟康。康既有絕世之言，又從子不善，避之河東，或云避世。〔註11〕

當時鍾會依附司馬氏，正值備受寵幸而驕矜自滿之際，親自造訪，嵇康卻對他不假辭色。鍾會當眾受辱懷恨而去，且司馬氏曾欲徵辟又被其拒絕，皆種下日後嵇康遇難的禍因。早年隱士孫登曾對嵇康說：「君性烈而才儁，其能免乎！」【《晉書‧嵇康傳》】「才儁」則不易爲時輩所契，「性烈」則不易爲世俗所容，孫登的評論果眞不幸言中。〔註12〕閒居不仕的嵇康仍關注時局，不改「輕肆直言、遇事便發」的個性，先後寫了替毋丘儉辯誣的〈管蔡論〉，指斥六經的〈難自然好學論〉及拒絕任官的〈與山巨源絕交書〉等，對虛僞的名教及禮法之士進行嚴厲尖銳的批判。這些言論對於宣稱「鑒於古訓，儀刑唐虞」的司馬氏集團而言，有如芒刺在背。終於，景元二年（西元261年），嵇康摯友呂安，〔註13〕與其兄呂巽發生家庭糾紛，正好給予鍾會和司馬氏製造一個挾怨報復和鏟除異己的機會。《魏氏春秋》云：

> 初，康與東平呂昭子巽及巽弟安親善，會巽淫安妻徐氏，而誣安不孝，因之，安引康爲證，康義不負心，明保其事。【《魏書‧王粲傳》注引】

呂巽因自己的醜行而心虛，誣指弟呂安撾母不孝，上表要求將其徙邊；嵇康

〔註11〕 陳壽撰，裴松之注，《三國志‧魏書》，（臺北市：鼎文書局股份有限公司，民國63年10月初版），共3冊，第2冊，卷二十一，頁606。本論文引用《魏書》的文字，皆根據此版本，之後引用，只註明書名及傳名，不另加註。另外，《世說新語‧文學》亦記載此事云：「鍾會撰四本論始畢，甚欲使嵇公一見，置懷中，既詣宅，畏其難，懷不敢出，於戶外遙擲，便面疾走。」

〔註12〕 《晉書‧孫登傳》云：「孫登，字公和，汲郡共人也，無家屬，於郡北山爲土窟居之。……文帝聞之，使阮籍往觀，既見，與語亦不應。嵇康又從之遊三年，問其所圖終不答，康每嘆息。將別，謂曰：『先生竟無言乎？』登乃曰：『子識火乎？火生而有光，而不用其光，果在于用光。人生而有才，而不用其才，而果在于用才。故用光在乎得薪，所以保其耀；用才在乎識眞，所以全其年。今子才多識寡，難乎免于今之世矣。子無求乎？』」

〔註13〕 《世說新語‧簡傲》云：「嵇康與呂安善，每一相思，千里命駕。」

義不容辭地挺身而出，赴洛陽為呂安作證，並作〈與呂長悌絕交書〉，痛斥其非。〔註14〕鍾會乘機慫恿司馬昭收押嵇康：

> 呂安罹事，康詣獄以明之。鍾會庭論康曰：「今皇道開明，四海風靡，邊鄙無詭隨之民，街巷無異口之議；而康上不臣天子，下不事王侯，輕時傲世，不為物用，無益於今，有敗於俗。昔太公誅華士，孔子戮少正卯，以其負才、亂群、惑眾也。今不誅康，無以清潔王道。」於是錄康閉獄。〔註15〕

這原屬一樁單純的民事案件，是非曲直不難查明，況且嵇康只是證人的身份；但是在政治因素介入後，竟演變成一個千古冤案。嵇康在獄中作〈幽憤詩〉表明心迹：

> 欲寡其過，謗議沸騰。性不傷物，頻致怨憎。昔慚柳下，今愧孫登。
> 內負宿心，外恧良朋。仰慕嚴鄭，樂道閒居。與世無營，神氣晏如。
> 咎予不淑，嬰累多虞。匪降自天，實由頑疏。理弊患結，卒致囹圄。
> 對答鄙訊，縶此幽阻。實恥訟冤，時不我與。雖曰義直，神辱志沮。

詩句深刻呈現一個秉持理念的思想家，在亂世艱險的現實之中，動輒得咎的處境。嵇康入獄之後，洛陽城為之譁然，《世說新語‧雅量》注引王隱《晉書》云：

> 康之下獄，太學生數千人請之。于時豪俊皆隨康入獄，悉解喻，一時散遣。康竟與安同誅。

數千名太學生慷慨上書陳情，要求司馬氏釋放嵇康，希望以他為師；眾多豪俊賢士更自動集結，甘願陪同他入獄受刑。這是自東漢桓帝太學生的清議活動以來，知識份子從來不曾有過的大規模的集結。〔註16〕尤其從正始十年的高平陵事件之後，大批涉足政治的知識份子慘遭無情殺戮猶歷歷在目，這些太學生和豪俊之士竟敢在京師重地，不顧身家性命的危險發動集會抗議，以

〔註14〕《世說新語‧雅量》注引《晉陽秋》曰：「初，康與東平呂安親善。安嫡兄巽，淫安妻徐氏，安欲告巽、遣妻，以諮於康，康喻而抑之。巽內不自安，陰告安撾母，表求徙邊。安當徙，訴自理，辭引康。」

〔註15〕《世說新語‧雅量》注引〈文士傳〉。此外，《晉書‧嵇康傳》亦載其事云：「及是，（鍾會）言於文帝曰：『嵇康，臥龍也，不可起。公無憂天下，顧以康為慮耳。』因譖『康欲助毋丘儉，賴山濤不聽。昔齊戮華士，魯誅少正卯，誠以害時亂教，故聖賢去之。康、安等言論放蕩，非毀典謨，帝王者所不宜容。宜因釁除之，以淳風俗。』」

〔註16〕參閱莊萬壽著，《嵇康研究及年譜》，頁199。

其血肉之軀與專橫的強權對立。這樣激烈的舉動，已不能只以一種對嵇康的
景仰之情來解釋，具體地說，嵇康實際上就是他們精神層次的領航者，以致
激發他們展現在那嚴峻的時代難得一見的悲憤與勇氣。但是這股由嵇康所引
發的罕見的群眾力量，卻加深司馬氏的疑慮與不安，致使嵇康終究不免走向
悲劇的結局。《晉書·嵇康傳》云：

> 康將刑東市，太學生三千人請以為師，弗許。康顧視日影，索琴彈
> 之，曰：「昔袁孝尼嘗從吾學廣陵散，吾每靳固之，廣陵散於今絕矣！」
> 〔註17〕

史籍描繪嵇康臨刑前，從容安定的神態與浪漫淒美的意境，可說是曠絕古今；
表現出他作為一個思想家的崇高風範，以及藝術家的優雅情懷。歷來有關嵇
康的冤案論者甚多，其中以金朝趙秉文所述最為中肯：

> 嵇中散龍章鳳姿，高情遠韻，當世第一流也。不幸當魏晉之交，危
> 疑之際，且又魏之族壻，鍾會唉司馬昭以臥龍比之，此豈昭弒逆之
> 賊，所能容哉？前史稱會造公，公不為禮，謂會：「何所聞而來？何
> 所見而去？」會以是啣之。向無此言，公亦不免。世人喜以成敗論
> 士，遂以公為才多識寡，難乎免於今之世，過矣。自古奸雄窺伺神
> 器者，鮮不維縶英豪，使不得遁。如中郎死於董卓，文舉死於魏武，
> 司空圖僅以疾免，楊子雲幾至辱身，亦時之不幸也。如公重名，安
> 所遁哉！人孰無死，惟得死為不沒。如會勸司馬昭唆喪魏室，既滅
> 劉禪，遂據蜀叛，竟以誅死。若等犬彘耳，死與草木共腐。而公之
> 沒，以今望之，若神人然，為不死矣。〔註18〕

就現實的歷史環境而言，嵇康處於魏晉交替危疑之際，身負重名又不為當局
所用，以司馬氏不計一切鞏固政權的殘忍作風，即使沒有鍾會的慫恿構陷，
一貫堅持自我、耿介剛烈的嵇康，恐怕也是無處可以逃遁安身的。更進一步
言，從他「義不負心」挺身為摯友呂安作證，毅然走入危險重重的境地洛陽，

〔註17〕 《世說新語·雅量》有相似的描寫：「嵇中散臨刑東市，神氣不變；索琴彈之，
奏廣陵散。曲終，曰：『袁孝尼嘗請學此散，吾靳固不與，廣陵散於今絕矣！』」
注引〈文士傳〉云：「於是錄康閉獄。臨死，而兄弟親族咸與共別。康顏色不
變，問其兄曰：『向以琴來不邪？』兄曰：『以來。』康取調之，為太平引。
曲成，歎曰：『太平引於今絕也！』」

〔註18〕 趙秉文著，〈題王致叔書嵇叔夜養生論後〉，收錄於《閑閑老人滏水文集》，（上
海市：上海商務印書館，縮印湘潭袁氏藏汲古閣精寫本，出版日期不詳），卷
二十，頁 200。。

以及面對司馬氏集團時的凜然不屈，臨刑前的從容不懼等等作爲來看，嵇康雖云志慕老莊，卻在那個荒謬詭譎的時代，以坦蕩磊落的姿態體現了孔子所說「無求生以害仁，有殺身以成仁」【《論語・衛靈公》】、「求仁而得仁」【《論語・述而》】及孟子所說「由仁義行」【《孟子・離婁下》】、「威武不能屈」【《孟子・滕文公下》】眞正儒家的生命精神。

第二節　郭象的生平與時代

　　郭象字子玄，河南穎川人，約生於魏齊王芳嘉平五年（西元 253 年），較嵇康晚三十年；約卒於西晉懷帝永嘉六年（西元 312 年）。〔註19〕《晉書・郭象傳》云：

> 少有才理，好老莊，能清言。太尉王衍每云：「聽象語，如懸河瀉水，注而不竭。」〔註20〕

《世說新語・文學》注引《文士傳》說郭象：

> 慕道好學，托志老莊，時人以爲王弼之亞。

王弼是正始名士，乃魏晉玄學理論的奠基者，時人視郭象爲「王弼之亞」，可說是很高的評價。郭象志慕老莊，文辭雅致，口若懸河，是當時清談場合的健將，受到名士王衍、孫綽等人的肯定。口才與他旗鼓相當的是裴遐，《世說新語・文學》云：

> 裴散騎娶王太尉女，婚後三日，諸婿大會。當時名士，王、裴諸子弟悉集。郭子玄在坐，挑與裴談。子玄才甚豐贍，始數交，未快。郭陳張甚盛，裴徐理前語，理致甚微，四坐咨嗟稱快。王亦以爲奇，謂諸人曰：「君輩勿爲爾，將受困寡人女婿。」

〔註19〕 梁朝皇侃《論語義疏》稱「晉黃門郎穎川郭象子玄」，此穎川指當時的許昌，即今河南許昌縣東三十里。另，《經典釋文・序錄》謂郭象爲河內人。關於郭象的生平事蹟，典籍所載並不詳盡，包括他的生卒年月、籍貫和著作都有疑點，原因在於《晉書》本傳所能提供的資料過於簡略，而且「多采小說」之言。

〔註20〕 《世說新語・賞譽》亦云：「王太尉云：『郭子玄語議如懸河瀉水，注而不竭。』」但這段話有異說，《世說新語・賞譽》注引《語林》云：「王太尉問孫興公曰：『郭象何如人？』答曰：『其辭清雅，奕奕有餘，吐章陳文，如懸河瀉水，注而不竭。』」雖然不能確定「懸河瀉水，注而不竭」究竟是誰所說，可以肯定的是它必是史傳之所本。

在這一次名士的聚會活動中，郭象鋪張揚厲的風格，顯然無法掩蓋裴遐簡澹清通的光彩，兩人交手算是平分秋色。因為魏晉清談不僅注重「理論玄微」、「辭條豐蔚」的實質內容，同時也欣賞「辭氣清暢」、「冷然似琴瑟」等具有美感的表達方式。〔註21〕無論如何，上述的幾則記載都顯示，郭象的才學在當時名士之間備受矚目。

嵇康面對的是司馬氏政權以殘酷手段逐步取代曹魏的階段，而郭象的一生則是經歷了西晉王朝從建立到滅亡的全部過程，那是中國歷史上少有的黑暗時代，「八王之亂」的紛爭相伐前後長達十六年，接踵而至又有破壞性更大的「永嘉之亂」。從太康元年（西元280年）晉武帝滅吳統一中國算起，歷時不過三十年，一個新興朝代的開國氣象即已蕩然無存，反而是亡國破家的慘禍層出不窮，戰亂頻仍，生靈塗炭，許多名士也都死於非命。例如永康元年（西元300年），裴頠被趙王倫所殺，同年遇害的尚有張華、潘岳、石崇、歐陽建；太安二年（西元303年），陸機、陸雲被成都王穎誅殺；永興元年（西元304年），嵇康之子嵇紹被害於蕩陰；永嘉五年（西元311年），石勒之亂，王衍、庾敳等皆遇害，王公以下死難者達十餘萬人。

身處這樣的亂世，郭象早期亦如正始之後的嵇康，閑居不就辟召。後來出仕，是他一生中重大的轉變。《晉書・郭象傳》云：

> 州郡辟召，不就。常閑居，以文論自娛。後辟司徒掾，稍至黃門侍
> 郎。東海王越引為太傅主簿，甚見親委，遂任職當權，熏灼內外，
> 由是素論去之。

他從政之後，歷經司徒掾、黃門侍郎、豫州牧長史，太傅主簿等官職，仕途相當順遂。《世說新語・文學》注引《文士傳》云：

> 郭象字子玄，自黃門郎為太傅主簿，任事用勢，傾動一府。

《晉書・苟晞傳》云：

> 主簿郭象等操弄天權，刑賞由己。

〔註21〕《世說新語・文學》注引鄧粲《晉紀》云：「遐以辯論為業，善敘名理，辭氣清暢，冷然似琴瑟。聞其言者，知與不知，無不歎服。」另外，《晉書・裴秀傳》附〈裴楷傳〉亦記載此事：「楷弟綽……綽子遐，善言玄理，音辭清暢，冷然似琴瑟。嘗與河南郭子玄談論，一坐嗟嘆。」這顯然是一次清談盛會，時間大致可以推算出是在元康後期。而郭象是元康談坐圍繞著王、裴的清談家之中，稱得上是最屬害的角色。參閱唐翼明著，《魏晉清談》，（臺北市：東大圖書股份有限公司，民國91年7月初版2刷），頁228～229。

根據這些史料，可見他處事任職作風強勢，頗受疵議，「任職當權，熏灼內外」、「任事用勢，傾動一府」、「操弄天權，刑賞由己」等等，對郭象爲人都是負面的評價。但這些觀點很可能是由於當時政治權力的爭鬥，出自不同陣營的攻訐語，未必值得採信。〔註 22〕倘進一步看，郭象仕宦時積極強勢的作風，和他閑居時清談給人「如懸河瀉水，注而不竭」、「陳張甚盛」的印象，其實同樣都顯示一種踔厲飛揚的生命風貌，只不過郭象表現自我的場合從清談聚會轉到政治領域，更容易招致對手的不滿與攻擊。所謂歷史的眞相原本就難以完全探究明白，更何況關於郭象的文獻又不足以徵驗。至少在他的著述中，呈現出與史籍所載不同的面目。他說：

> 夫取富貴，必順乎民望也，若挾奇說，乘天衢，以嬰人主之心者，
> 明主之所不受也。故如有所譽，必有所試，於斯民不違，僉曰舉之，
> 以合萬夫之望者，此三代所以直道而行之也。〔註 23〕

郭象並不反對直道而行、順乎民望而取得的富貴；他所反對的是「挾奇說，乘天衢，以嬰人主之心」，而又違乎民望者。《郭象注莊・逍遙遊》也有類似的說法：

> 世以亂故求我，我無心也。我苟無心，亦何爲不應世哉？
>
> 夫聖人雖在廟堂之上，然其心無異於山林之中，世豈識之哉！

他認爲亂世出仕，只是無心爲用；既然無心，又何必堅持不應世呢？而聖人乃「至至者不虧」，雖身處廟堂之上，卻可以「心無異於山林之中」，世人執著於廟堂與山林的分別，故不能了解聖人的心境。郭象所持的這種觀點，適可回應他從閑居到出仕的轉變，以及遭受多方誤解與指控的問題。易言之，他在進退出處之間，都只不過是在貫徹自己的主張而已。郭象面對西晉苦難的現實世界的態度，既非執意退隱山林，亦非屈己媚主求榮，而是稟持自己的理念，直道而行。從以下這則記載亦可以看出端倪，《太平御覽》注引王隱《晉書》云：

> 河南郭象著文，稱嵇紹父死在非罪，曾無耿介，貪位死闇主，義不
> 足多。曾以問郗公曰：「王裒之父，亦非罪死，哀尤辭徵，紹不辭用，
> 誰爲多少？」郗公曰：「王勝於嵇。」或曰：「魏、晉所殺，子皆仕

〔註 22〕　參閱許抗生等著，《魏晉玄學史》，（西安市：陝西師範大學出版社，1989 年第一版），頁 307。
〔註 23〕　《列子》「使宋王而寤，子爲齏粉矣！」句下注引。

宦，何以無非也？」答曰：「殛鯀興禹，禹不辭興者，以鯀犯罪也。若以時君所殺爲當耶？則同於禹；以不當耶？則同於嵇。」〔註24〕

嵇紹挺身護主，血濺帝衣，《晉書》將其列爲忠義列傳之首。該書記載云：

> 值王師敗績于蕩陰，百官及侍衛莫不散潰，唯紹儼然端冕，以身捍衛，兵交御輦，飛箭雨集，紹遂被害於帝側，血濺御服，天子深哀歎之。及事定，左右欲浣衣，帝曰：「此嵇侍中血，勿去。」……東海王越屯許，路經滎陽，過紹墓，哭之悲慟，刊石立碑，又表贈官爵。【《晉書‧嵇紹傳》】

嵇紹捍衛惠帝而殉職，君臣上下無不深感哀慟和崇敬，唯有郭象獨持異議，力抗時流，公然著文批評嵇紹行爲不當。郭象認爲嵇紹作爲嵇康之子，竟然不顧念其父橫遭構陷，死於非罪，而仕宦於殺父之司馬氏，是「曾無恥介」的行爲；再者，嵇紹因貪戀職位以致爲愚庸君主殉身，並不值得頌揚。郭象此論與世俗之見大相逕庭，尤其他本身仕宦於晉室，卻不認同嵇紹忘父之冤屈而仕晉，更有甚者，他甘冒不諱直指惠帝爲「暗主」。由此可見郭象就事論理，直道而言，並非阿諛逢迎、囁囁嚅嚅以利祿富貴爲念之輩。〔註25〕章太炎所著的〈讀郭象論嵇紹文〉曾評論此事云：

> 余觀郭象是議，乃嚴於顧君遠甚。紹之死，東海王越道經其墓，哭之悲慟，樹碑表爵，象爲東海王主簿，獨奮筆無所忌。且舉世而譽之，以爲握節以死，國殤之雄。觝之者則爲流俗恚疾，亦不恤焉。象則晉之清言者也，靈屬守正，邈遠于儒。山濤之咎，顧豈在清言耶？〔註26〕

章太炎此文乃是針對顧炎武的看法而發。顧氏在其《日知錄》〈正始〉條中，責難嵇紹「忘其父而事其非君，當其未死三十餘年之間，爲無父之人亦已久矣！」且批評山濤「敗義傷教」而亡天下。〔註27〕顧氏之言雖有其理，但章

〔註24〕 李昉著，《太平御覽》，（臺北市：大化出版社，未著出版年月），卷四四五，〈人事部〉八六，〈品藻上〉，頁2048。

〔註25〕 王隱《晉書》所引郭象的這條資料，何以沒有被唐朝編《晉書》者所採入，可能是編者仍有所顧忌。而郭象敢於當時暢言不諱，亦可見其直道而行的性格。

〔註26〕 參閱章太炎著，〈讀郭象論嵇紹文〉，《章太炎全集》，（上海市：人民出版社，1985年版），第四冊，頁141～142。

〔註27〕 參閱黃汝成撰，《日知錄集釋》，（臺北市：國泰文化事業公司，民國69年1月初版），頁379。

太炎認爲仍不及郭象立論嚴正，主要是因爲郭象身處當世，而能不懼流俗之
疾視，直言不諱、無所顧忌，且所論切合於大義，更屬難得。因此，章氏稱
郭象「靈屬守正，違遠于儒」，推崇他是晉室中眞正之清言者。這是欲瞭解郭
象的眞實面貌，不可忽視的一則記載。

　　除仕宦問題之外，郭象另一飽受爭議之事，即是注《莊》之疑案。歷來
對此聚訟紛紜，主要有兩種說法：其一，認爲《郭象注莊》是郭象剽竊向秀
的《莊子注》；其二，認爲《郭象注莊》是郭象在向秀《莊子注》的基礎上「述
而廣之」。前者「剽竊」之說乃根據《世說新語・文學》所云：

> 初注《莊子》者數十家，莫能究其旨要。向秀於舊注外爲解義，妙
> 析奇致，大暢玄風。唯〈秋水〉、〈至樂〉二篇未竟，而秀卒。秀子
> 幼，義遂零落，然猶有別本。郭象者，爲人薄行，有儁才，見秀義
> 不傳於世，遂竊以爲己注，乃自注〈秋水〉、〈至樂〉二篇，又易〈馬
> 蹄〉一篇，其餘眾篇或定點文句而已。後秀義別本出，故今有向、
> 郭二《莊》，其義一也。〔註28〕

《晉書・郭象傳》中相似的記載，應當出自於《世說新語・文學》。〔註29〕以
後歷代學者多據此認爲郭象注抄襲向秀注。後者「述而廣之」之說則是本於
《晉書・向秀傳》：

> 莊周著內外數十篇，歷世才士雖有觀者，莫適論其旨統也，秀乃爲
> 之隱解，發明奇趣，振起玄風，讀之者超然心悟，莫不自足一時也。
> 惠帝之世，郭象又述而廣之，儒墨之迹見鄙，道家之言遂盛焉。

綜合而觀，以上兩種說法雖有不同，但也有一致之處：第一，向秀的《莊子
注》在當時影響甚鉅，對玄學思想的發展具有廣泛的促進作用。第二，郭象
的《莊子注》對於向秀之注，無論是「竊以爲己注」，還是「述而廣之」，皆

〔註28〕劉孝標注引〈向秀別傳〉則云：「秀與嵇康、呂安爲友，趣舍不同。嵇康傲世
　　　不羈，安放逸邁俗，而秀雅好讀書；二子頗以嗤之。後秀將注《莊子》，先以
　　　告康、安，康、安咸曰：『此書詎復須注？徒棄人作樂事耳。』及成，以示二
　　　子，曰：『爾故復勝不？』康、安乃驚曰：『莊周不死矣！』」

〔註29〕《晉書・郭象傳》云：「先是注莊子者數十家，莫能究其旨統。向秀於舊注外
　　　而爲解義，妙演奇致，大暢玄風，惟秋水、至樂二篇未竟而秀卒。秀子幼，
　　　其義零落，然頗有別本遷流。象爲人行薄，以秀義不傳於世，遂竊以爲己注，
　　　乃自注秋水、至樂二篇，又易馬蹄一篇，其餘眾篇或點定文句而已。其後秀
　　　義別本出，故今有向、郭二莊，其義一也。」可見《晉書》的說法應出於《世
　　　說新語・文學》。

表示郭注深受向注的影響，且多所採取向注的內容；而從「自注〈秋水〉、〈至樂〉二篇，又易〈馬蹄〉一篇」和「述而廣之」等語來看，又可說明郭注與向注有所不同。

　　換言之，若據《世說新語‧文學》「剽竊」、「其義一也」的說法，郭注與向注應無不同；若據《晉書‧向秀傳》「述而廣之」的說法，則郭注對向注有所發展，且有所不同。究竟哪一種說法比較符合實際呢？王叔岷曾詳細比對郭注與向注之異同，他說：

今據《莊子釋文》、《列子注》，及他書所引，詳加纂輯，得向有《注》郭無《注》者四十八條，向、郭《注》全異者三十條，向、郭《注》相近者三十二條，向、郭《注》相同者二十八條，列此明證，然後知郭注之與向注，異者多而同者少，蓋郭雖有所採於向，實能推而廣之，以自成其說者也。豈僅自注秋水至樂二篇，及易馬蹄一篇而已哉？……蓋向秀亦本崔譔之義，述而廣之，與郭象本向注述而廣之者實同，則獨加郭象以竊名，不亦冤乎？〔註30〕

據此可以說明郭象注與向秀注的幾種關係：第一，相同者二十八條，顯示郭象注因襲引用向秀注的部分。第二，相近者三十二條，顯示郭象對向秀注有所斟酌改訂的部分。第三，相異者三十條，顯示郭象有自己的見解，獨立於向秀注之外。第四，向秀有注而郭象無注者四十八條，顯示郭象有自己的取捨和考量，並非全盤認同向秀注。整體而言，郭象注與向秀注相異者尚多於相同者。歷來學者對郭象是否涉及剽竊的看法莫衷一是，歸因於對何謂「剽竊」有不同的界定。如果嚴格認定，只需有一注因襲或有部分字句相同，即可謂之剽竊，則郭象的罪名恐將難以避免。但是古人經常以述為作，其是否具備現代著作權的觀念實大有疑問。何況，即使向秀注也是在崔譔注的基礎上發展而成的，如《世說新語‧文學》所說：

秀本傳或言「秀遊託數賢，蕭屑卒歲，都無注述，唯好《莊子》，聊應崔譔所注，以備遺忘」云。

由此可知魏晉時人注書的習慣，常將前人或同時代人的見解，採擷吸納於自己的注解之中，繼續作演繹與發揮。向秀注之於崔譔注，郭象注之於向秀注，皆是如此。若謂郭象涉及剽竊，則向秀或其他人何獨能免此罪名？因此，《世

〔註30〕王叔岷著，《莊學管窺》，（臺北市：藝文印書館，民國67年3月出版），頁114～115。

說新語・文學》與《晉書・郭象傳》所謂郭象將向秀注「竊以爲己注」的說法，是難以成立的。〔註31〕

　　總的來說，郭象注儘管在許多地方採用了向秀注，但有更多彼此相異的部分。取捨之間，郭象是依照自己思想體系的需要而有所選擇，凡是不符合其〈莊子序〉所說「上知造物無物，下知有物之自造」之基本思想者，都在排除之列。〔註32〕因此，比較合乎實際的說法是，郭象注是立足於向秀注的基礎上「述而廣之」，對向秀注有所吸納、取捨和發展，成爲郭象自己完整的思想體系，進而將玄學推演至另一個高峰；所謂郭象將向注「竊以爲己注」的指控，並不合乎實情。

　　嵇康與郭象同樣是魏晉時期實踐自己理念的傑出思想家，嵇康剛烈不屈、超越卓絕的風範，名垂青史；而郭象踔厲飛揚、直道而行的性格，卻引起褒貶兩極化的評價。不過，隨著時代的遠逝與學者的深究，史籍中對郭象爲人和著作有失偏頗的批判，已逐漸獲得澄清和扭轉。關於郭象的歷史形象，以及他對魏晉玄學所作出的貢獻，均應還給他一個恰當而公允的說法。

第三節　兩者名教與自然思想背景之比較

　　《晉書・嵇康傳》云：「恬靜寡欲，含垢匿瑕，寬簡有大量」、「長好老莊」、「常修養性服食之事，彈琴詠詩，自足於懷。以爲神仙稟之自然，非積學所得，至於導養得理，則安期、彭祖之倫可及，乃著養生論。」說明嵇康生命情調具有傾向道家的一面，而且又羨慕神仙及篤信採食導養、延年益壽的養生說，明顯也受到道教的影響。此外，由嵇喜〈嵇康傳〉言「家世儒學」及《世說新語・言語》注引嵇紹〈趙至敘〉云：

　　　　（至）年十四，入太學觀，時先君在學寫石經古文，事訖，去，遂
　　　　隨車問先君姓名。先君曰：「年少何以問我？」至曰：「觀君風器非

〔註31〕《世說新語・文學》注引張隱《文士傳》云：「象作《莊子注》，最有清辭道旨」，又「殷中軍問自然無心於稟受」條劉孝標注引郭象對《莊子・齊物論》「天籟者吹萬不同」句注，由此兩處可見當時張隱、劉孝標等人所見之《莊子注》就有向、郭兩本並存的情形，所謂郭象將向秀注「竊以爲己注」，實際上是很難成立的。況且，郭象注不僅許多地方採用向秀注，而且也採用了崔譔注和司馬彪注。這種作法無非是沿襲了當時人注書的習慣。

〔註32〕參閱湯一介著，《郭象》，（臺北市：東大圖書股份有限公司，民國88年1月初版），頁21。

常，故問耳。」先君具告之。

可知嵇康與儒學及經學亦關係密切。整體言之，嵇康即是從儒家、道家與道教思想中分別攝取豐富的資源，發展出極具特色的名教與自然的思想內涵。

魏晉玄學探討的主題名教與自然，從某一個角度說，乃是延續漢魏之際建安文學悲涼與慷慨的風格發展而來。其中悲涼的感受，反映了東漢末年以來，現實生活中動盪不止的苦難；而慷慨的熱情，則表達出人們對安定正常的社會秩序的渴盼。建安文學的主題即在於如何擺脫現實生活的苦難，重建一個安定的社會秩序。正始年間（西元 240～249 年），王弼承接建安文學的傳統，進而將這種悲涼與慷慨的風格，抽象為名教與自然的關係，成為玄學的主題。

正始時期的名教，雖然也有許多問題存在，但是生活於其中的知識份子至少還能感覺到一種肯定和希望，他們心中所抱持的理想與現實世界之間的落差，尚未發展到對立衝突的程度。因此，王弼在他所處的歷史環境中隱約還能看到理想的曙光，現實也還容許他可以將自然與名教的關係，抽象為「無」與「有」、「本」與「末」的關係，並且通過思辨哲學的論證來揚棄二者的對立，尋求和諧與統一。再加上王弼當時正值年少氣盛，雖然追求的最高目標是無為而治的執政態度，卻崇尚奮發有為的積極精神，反對隱士逃避現實的消極作法。從建安文學的傳統來看，王弼玄學中慷慨的風格明顯勝過於悲涼；換言之，他對安定和正常社會秩序的殷切盼望，更勝於對苦難現實生活的感受。比如他說：

夫能輝光日新其德者，唯剛健篤實也。【《周易注・大畜卦》】

處于明動尚大之時，而深自幽隱以高其行，大道既濟而猶不見，隱
不為賢，更為反道，凶其宜也。【《周易注・豐卦》】

此中富含積極進取的精神。但自正始之後，時代的氣氛急轉直下，司馬氏集團為了篡奪與確保政權，假藉名教之義黨同伐異，致使名教的危機與流弊更趨嚴重，政治及社會環境充滿令人憤慨的虛偽和荒謬。處於此時的嵇康，殘酷黯淡的現實已不容許他再像王弼那樣專注於抽象的邏輯思辨，懷抱熱情去建構完整的玄學體系，只能夠抒發滿腔的激憤和不齒。於是他毅然決然地提出「越名教而任自然」，玄學的主題發展至此失去原有的平衡，「正始之音」破滅於慘酷的政爭之後，現實與理想的對立，於是轉化為嵇康思想中名教與自然的對立。

　　就玄學演進的線索而言，嵇康自然論的玄學思想是從王弼貴無論發展而來，典型地反映了正始以後的知識份子，曲折轉變的心路歷程。〔註33〕從王弼到嵇康，建安文學中那種慷慨昂揚的風格消失不見，只剩下極為深刻的悲涼的感受。肇因於魏晉禪代之際，司馬氏集團的行徑與變質的名教，讓知識份子對現實的世界絕望透頂。嵇康遂將自身艱困的處境以及對人生深沉的感觸融入他的玄學思維中，憤慨地批判被人為操弄的現實名教，為自己身處的荒謬時代留下眞實的見證。他說：

> （常人）以多自證，以同自慰，謂天地之理，盡此而已矣。縱聞養生之事，則斷以己見，謂之不然。其次狐疑，雖少庶幾，莫知所由。【〈養生論〉】

> 凡若此類，上以周、孔為關鍵，畢志一誠，下以嗜欲為鞭策，欲罷不能，馳騁於世教之內，爭巧於榮辱之間，以多同自滅，思不出位，使奇事絕於所見，妙禮斷於常論，以言變通達微，未之聞也。【〈答難養生論〉】

> 今子立六經以為準，仰仁義以為主，以規矩為軒駕，以講誨為哺乳，由其途則通，乖其路則滯，游心極視，不睹其外，終年馳騁，思不出位。【〈難自然好學論〉】

在這些引文中，嵇康耿直地指出世俗名教的僵化與偏失。從政治的角度看，司馬氏以名教作為爭奪權力的工具，是以其擁護者便選擇名教，而反對者就選擇自然。名教與自然的對立，不僅關涉知識份子實際的政治傾向，同時，「聖人貴名教，老莊明自然」，名教與自然也關涉知識份子對儒道兩家思想的認同態度。此外，從更深一層的意涵看，名教與自然的對立透露出此時理想與現實的衝突，已經發展到不可調和的地步；險惡的政治環境迫使知識份子，或者放棄理想與現實妥協，或者堅持理想與現實抗爭。當時有一批投靠司馬氏政權的知識份子選擇名教而和現實妥協，但是他們並非眞正的服膺名教、躬身篤行忠孝仁義；就如王船山所批評，他們實際上只是一批「寡廉鮮恥貪冒

〔註33〕余敦康認為：「正始以後這十三、四年，歷史的辯證運動加劇進行，一方面是人們企盼已久的統一局面終於來臨，另一方面又發生了魏晉禪代的政治大動亂。司馬氏集團為了篡奪曹魏政權，『誅夷名族，寵樹同己』，不能不在感受到時代精神知識份子的心靈上蒙上一層陰影，促使他們的思想發生某種變化。」見其所著，《魏晉玄學史》，頁 299。

驕奢之鄙夫」。〔註34〕司馬氏重用荀顗、賈充、何曾等所謂禮法之士，只是操控禮法作爲迫害異己的工具，本身實缺乏道德實踐的眞精神。《晉書》詳細記載了他們的事跡：

> 顗明《三禮》，知朝廷大儀，而無質直之操，唯阿意苟合於荀勖、賈充之間。初，皇太子將納妃，顗上言賈充女姿德淑茂，可以參選，以此獲譏於世。【《晉書·荀顗傳》】

> 然性奢豪，務在華侈。帷帳車服，窮極綺麗，廚膳滋味，過於王者。…食日萬錢，猶曰無下箸處。…劉毅等數劾奏曾侈汰無度，帝以其重臣，一無所問。【《晉書·何曾傳》】

這些現實世界的腐敗現象，導致嵇康處理名教與自然的關係問題，產生極大的變化。大致而言，嵇康的思想前期傾向於二者的結合，例如〈太師箴〉云：「宗長歸仁，自然之情。故君道自然，必託賢明。」嘉平以後，則違反本願地把二者對立起來，例如〈釋私論〉云：「矜尚不存乎心，故能越名教而任自然。」從前後兩個相互矛盾的命題來看，可知他的玄學思想經歷一個曲折而痛苦的演變過程。當然，嵇康思想演變的歷史因素，並非只是簡單地反映曹魏與司馬氏兩個集團之間的權力爭奪，以及他的政治傾向而已。縱然嵇康與曹魏宗室有姻親關係，但他所娶的是遠支後裔，且從未躋身曹魏政權的核心，或擔任過任何重要職位。況且，嵇康早期和正始年間的何晏、王弼一樣，也對曹魏集團的所作所爲表現強烈的不滿，而致力於名教與自然的結合。只是當正始之音終結之後，嵇康眼見現實的名教世界已容不下改革的希望，他的玄學思想不得不從名教與自然相結合，演變爲名教與自然相對立，以他心中所堅持的崇高理想來對抗沉淪的現實。不論對曹魏政權或司馬氏集團，嵇康始終站在超然的立場，依照自己信仰的理念對現實政治進行批判與糾正。

嵇康原來傾向於名教與自然結合的思想，基本上和何晏、王弼的貴無論

〔註34〕王夫之著，《讀通鑑論》，卷11，「佞人禍甚於苛政」條，痛陳這批「鄙夫」糜壞國事政風，乃是導致賈后干政、八王之亂及五胡侵華的重大因素：「晉武之初立，正郊廟，行通喪，封宗室，罷禁錮，立諫官，徵廢逸，禁緯讖，增吏俸，崇寬弘雅正之治術，故民藉以安，內亂外逼，國已糜爛，而人心猶繫之，然其所用者，賈充、任愷、馮紞、荀勖、何曾、石苞、王愷、石崇、潘岳之流，皆寡廉鮮恥貪冒驕奢之鄙夫；……雖有二傅、和嶠之亢直，而不敵群小之贔訨，是以強宗妒后互亂，而氐、羯乘之以猖狂。小人濁亂，國無以立，非但王衍輩清談誤之也。」見其所著，《船山全書》，（長沙市：嶽麓書社，1998年11月第1版第2次印刷），共16冊，第10冊，頁421。

玄學的目標是一致的。例如他的〈六言詩〉說：

> 惟上古堯舜：二人功德齊均，不以天下私親，高尚簡樸慈順，寧濟
> 四海蒸民。

> 唐虞世道治：萬國穆親無事，賢愚各自得志，晏然逸豫內忘，佳哉
> 爾時可憙。

> 智慧用有爲：法令滋章寇生，自然相召不停。大人玄寂無聲，鎮之
> 以靜自正。

但是嵇康後期思想轉變，重新探索名教與自然的關係，反映新一階段的歷史變動，將自身存在的處境及對現實世界的感受，帶進了玄學思維之中，提出「越名教而任自然」的理論，而具有比貴無論更爲豐富深刻的歷史意蘊與哲學內涵，代表玄學思潮的一次重要的自我轉折與深化。「越名教而任自然」從表面上看似一個堅定激昂、充滿自信的主張，其實蘊含著極爲深沉複雜的時代憂患之感；嵇康這一主張的提出，乃是以痛苦、矛盾、徬徨、無依作爲其心理背景。試觀〈卜疑〉所云：

> 寧隱居行義，推至誠乎？將崇飾矯証，養虛名乎？

> 寧斥逐凶佞，守正不傾，明否臧乎？將傲倪滑稽，挾智任術，爲智
> 囊乎？

> 寧與王喬赤松爲侶乎？將追伊摯而友尚父乎？

> 寧如伯奮仲堪，二八爲偶；排擯共鯀，令失所乎？將如箕山之夫，
> 潁水之女，輕賤唐虞，而笑大禹乎？

從中可以發現，這種對立和痛苦貫穿在嵇康後期的整個玄學思想之中。同屬竹林時期的阮籍也有類似的心態，其〈詠懷詩〉云：「楊朱泣歧路，墨子悲染絲。」《晉書‧阮籍傳》亦云：「時率意獨駕，不由徑路，車迹所窮，輒慟哭而反。」也正由於嵇康的玄學思維，眞實而深刻地反映當時知識份子普遍存在的憂患意識和人生追求，所以他的自然論玄學，對於社會風氣和時代精神的影響，遠大於王弼的貴無論玄學。

從嵇康到郭象，時間跨越三十年。司馬氏已經建立統一的王朝，結束三國鼎立的局面。但是西晉從開國不久即陷入動盪紛擾，交戰不歇，現實生活的苦難反而更甚以往，正常安定的社會秩序依舊還是人們渴望的目標，玄學的主題名教與自然依然是亟待解決的課題。

　　郭象面對的是一個罕見的、黑暗的歷史時期，感受敏銳的知識份子生活在那樣的時代，不免思索應該如何立身處世：究竟是為自己營造一個思想的孤島來逃避苦難的現實？抑或是堅決地面對現實作深沉的反省，以探尋一條擺脫苦難的出路？從玄學演進的線索看，在郭象的獨化論出現之前，嵇康的自然論試圖走前一種的超越現實的道路，卻在嚴峻殘酷的現實面前遇到重重險阻；而裴頠的崇有論強調面對現實，但是由於缺乏必要的超越與改革的理想，後一種的肯定現實的道路也顯得窒礙難行。

　　然而，嵇康「越名教而任自然」的呼聲，確實深深契合知識份子對於現實世界的失望與不滿，成為那個時代中安頓眾多心靈的指引方針。直至郭象所處的西晉之世，嵇康所代表的竹林玄學思想仍對士風發揮廣泛的主導作用，尤其在謝鯤、胡毋輔之、王澄、阮脩等許多名士身上特別顯著。但是這批名士既缺乏政治與社會的理想，亦無精神境界的追求，只是在外表上仿效嵇康、阮籍所倡導的那種曠達放任的作風，貌合神離地作出種種驚世駭俗的舉動。儘管如此，魏晉之世，知識份子的確普遍認同嵇康所倡導，現實必須超越的主張；如果不能維持超越的姿態而去迎合現實，就會被視為落入下乘，引來訾議。這種以能否超越現實作為評判人物高下的價值觀，深植人心。例如陸喜〈較論格品篇〉所說：

> 或問予，薛瑩最是國士之第一者乎？答曰：「以理推之，在乎四五之間。」問者愕然請問。答曰：「夫孫皓無道，肆其暴虐，若龍蛇其身，沉默其體，潛而勿用，趣不可測，此第一人也。避尊居卑，祿代耕養，玄靜守約，沖退澹然，此第二人也。侃然體國思治，心不辭貴，以方見憚，執政不懼，此第三人也。斟酌時宜，在亂猶顯，意不忘忠，時獻微益，此第四人也。溫恭修慎，不為諂首，無所云補，從容保寵，此第五人也。過此已往，不足復數。故第二已上，多淪沒而遠悔吝，第三已下，有聲位而近咎累。是以深識君子，晦其明而履柔順也。」問者曰「始聞高論，終年啓寤矣。」【《晉書·陸喜傳》】

按照這種品鑒人物的價值標準，則迴避現實不涉世務的人，劃歸一、二流的上乘品格，而關注現實積極入世的人，最高只能排在三流以下。如果依據這種價值標準立身處世，嚮往上乘人物的格調，遠離現實不問世事，其生活態度終將落得像畢卓所描述的一樣：

> 得酒滿數百斛船，四時甘味置兩頭，右手持酒杯，左手持蟹螯，拍

浮酒船中，便足了一生矣。【《晉書‧畢卓傳》】

如此的人生態度徹底排除了社會歷史的內容，將人性降低到等同動物本能的層次，簡直是人文精神的整個掏空，根本看不出什麼崇高的生命境界。謝鯤、胡毋輔之、王澄、阮脩及畢卓等人只能算是玄學的末流，他們以這樣一種扭曲、怪誕的形式，反映出籠罩著整個時代的苦難與悲涼。裴頠即激烈反對當時流行的虛浮狂放的風氣，不能認同他們對現實名教的迴避和超越態度。裴頠是晉朝王室得勢的外戚，身居高位，生活於政治權力的核心，典型地表現出一位政治家的風格。爲了維護人倫制度，穩定現實的社會秩序，其〈崇有論〉考慮名教問題的角度，當然與嵇康甚或王弼有所不同。

然而郭象已經意識到，玄學如果按照嵇康所提出的「越名教而任自然」那條脫離現實的道路發展，將自陷絕境。因爲玄學固然有其超越現實的崇高理想，但並不是那種虛浮無根的超越，而應是在辯證地處理名教與自然的關係上的超越，亦即應是一種立足於現實之上的超越。郭象作爲一個知識份子，親身經歷了八王之亂以至永嘉之禍的連串慘劇，遂深刻地體認到，如果像嵇康那樣偏執、高舉理想而排斥現實的名教，或者像裴頠那樣全然肯定、維護現實的名教而放棄超越的理想，都不能圓滿解決名教與自然對立的問題。現在郭象要從事的工作，就是將嵇康與裴頠各執一端、相持不下的主張，作一個批判性的綜合總結，促使玄學的思辨，再度回歸原來結合名教與自然的主題，而這個主題，其實也是嵇康前期的思想中所致力的目標。

由於受到這種復歸於玄學主題的內在必然性的驅使，以致郭象表現在爲人處世的形象，一方面是「好老莊，能清言」，「常閑居，以文論自娛」，「州郡辟召，不就」，對現實抱著一種超越的態度；另一方面則又「任事用勢，傾動一府」、「任職當權，熏灼內外」，熱衷於追逐權勢，對現實抱著一種迎合的態度。郭象將這種雙重性格集中統一於一身，想要做到恰如其分，平衡圓融，是相當困難的。因此就在當時，郭象遭到許多非議和鄙視。《晉書‧庾敳傳》云：

> 參東海王越太傅軍事，轉軍諮祭酒。時越府多雋異，敳在其中，常自袖手。豫州牧長史河南郭象擅老莊，時人以爲王弼之亞。敳甚知之，每曰：「郭子玄何必減庾子嵩。」象後爲太傅主簿，任事專勢。
> 敳謂象曰：「卿自是當世大才，我疇昔之意都已盡矣。」

名士庾敳諷刺郭象涉入權勢太深，顯示其主導的思想也是認爲現實必須超

越，故不能認同郭象積極參與政治事務、擁抱現實強權的作法。然而，觀察郭象身處的時代，正當司馬氏諸王相繼出任方鎮，凌駕朝廷，掌握實際軍政大權，各自圖謀擴展勢力，紛紛招攬賢俊幹才，廣設幕僚智囊。彼時知識份子若想在政治上施展抱負，除了依附司馬氏諸王的權勢，別無他途。例如陸機、陸雲兄弟二人依附成都王穎，名相王導也曾「參東海王越軍事」，繼而依附晉元帝。史籍云：

> 時成都王穎推功不居，勞謙下士。機既感全濟之恩，又見朝廷屢有變難，謂穎必能康隆晉室，遂委身焉。穎以機參大將軍軍事，表為平原內史。【《晉書·陸機傳》】

> 時元帝為琅邪王，與導素相親善。導知天下已亂，遂傾心推奉，潛有興復之志。帝亦雅相器重，契同友執。【《晉書·王導傳》】

可見郭象投靠東海王越，不過是當時熱衷參與政治的知識份子，擇主而事的普遍作法。儘管人們對這種作法的評價不一，但從現實的觀點來看，在那樣的歷史背景下實是無可厚非的。況且，在郭象而言，世間賢才依附君主發揮所能，乃是天經地義之事。例如他說：

> 千人聚，不以一人為主，不亂則散。故多賢不可以多君，無賢不可以無君。此天人之道，必至之宜。【《郭象注莊·人間世》】

郭象的為人和性格之所以出現矛盾，就在於他很難妥善處理「超越」與「現實」之間的緊張關係。實際上，在郭象的時代裡，知識份子無論選擇什麼樣的生活態度，都不能避免矛盾。抱持超越態度的人被迫與無法擺脫的苦難現實妥協，以求維護基本的生存；而肯定現實世界的人又不得不去尋求超越的理想，以圖挽救橫在眼前的苦難。思想家嘗試各式各樣的選擇，玄學也因而呈現各式各樣可能的發展途徑。究竟玄學應該依照那一條途徑來發展呢？如果遵循嵇康所高倡「越名教而任自然」的思維，玄學就會趨向遠離現實而飄浮於虛無縹緲的孤峰，最後又跌落谷底，成為像畢卓那樣「拍浮酒船中」持蟹螯暢飲，便對此生心滿意足。但如果按照裴頠所鼓吹的那條忽視名教弊端，堅決維護現實的理路，玄學則又難以提出一種高層次的內聖外王的理想，而遺落其原有的本質。

　　縱觀魏晉之世，可以看出抱持超越現實態度的知識份子還是居於優勢。他們之所以選擇超越現實，是因為現實迫使他們去超越，否則將難以安身立命。謝鯤就是一個明顯的例子，《晉書·謝鯤傳》云：

> 永興中，長沙王乂入輔政，時有疾鯤者，言其將出奔。乂欲鞭之，
> 鯤解衣就罰，曾無忤容。既舍之，又無喜色。太傅東海王越聞其名，
> 辟爲掾，任達不拘，尋坐家僮取官稟除名。于時名士王玄、阮脩之
> 徒，並以鯤初登宰府，便至黜辱，爲之歎恨。鯤聞之，方清歌鼓琴，
> 不以屑意，莫不服其遠暢，而恬於榮辱。

身處八王之亂的局勢中，在專橫霸道的強權面前，知識份子被任意地鞭打凌辱，地位形同奴隸，毫無人性尊嚴可言，更難奢談價值自覺。爲了苟全性命，只好掩飾內心的悲痛，裝出「曾無忤容」、「不以屑意」的表情，視爲對苦難現實的超越。實際上，這種超越只是對荒謬無理現實的屈服，表現出軟弱無力的精神奴性，因而失去了自由。但是，知識份子的精神總不能長久扮演現實的奴隸，必須自我要求勇敢地參與現實、改造現實，調整不合理的現實趨向合理。所以玄學發展至永嘉年間，必然要再度回歸到自己原來的主題和正軌，如果像嵇康後期那樣反抗名教專注自然，或者像裴頠那樣排斥自然悍衛名教，顯然都不是合理可行的途徑。只有設法結合名教與自然，建構二者辯證統一的理論，才能解決問題。這就是郭象處理名教與自然思想的背景。當然，這是一個十分困難的任務，郭象必須在理想與現實之間保持一種動態的平衡，稍有不愼就會向其中一邊傾斜。是以，郭象的玄學就像他的處世爲人，時常遭受來自正反兩方的批評和攻擊。

　　總而言之，嵇康面對的是曹魏與司馬氏政權遞嬗的階段，現實世界充滿殘酷、虛僞與荒謬，名教與自然形成正面衝突，性情剛烈的嵇康始終堅持理想，在正始之音終結之後，基於滿腔憤慨，對現實名教展開尖銳的批判。而郭象面對的則是更加紛亂不安的西晉之世，除了兵連禍結、民不聊生之外，社會上還瀰漫著一股由竹林玄學所引發的虛浮曠達的風氣，眾多知識份子遵循嵇康的主張，企圖在現實之外尋求超越的境界。然而，這種超越並不能真正解脫現實的苦難，最後反而落得對現實奴性地屈從。郭象要將嵇康後期「越名教而任自然」的激憤思想，從脫離現實的虛無縹緲之境重新拉回現實，以完成他調和名教與自然的玄學理論。郭象重視現實名教的態度雖然與嵇康有別，但他和嵇康一樣，對名教的弊端以及專制暴君的凶殘有深切的反省；只不過他爲了調和理想與現實的距離，缺少嵇康那種對名教的激憤和批判，以致他的玄學風格，既無正始時期王弼那般慷慨昂揚的熱情，亦乏竹林時期嵇康那般深沉悲涼的感受。

第五章 嵇康與郭象處理名教與自然問題之目的之比較

　　身處於魏晉混亂不安的時代，知識份子經常感受到尖銳的矛盾和衝突，思想也反覆不定，在理想與現實之間擺盪不止，一種揮之不去像辯證法般的緊張感，遂凝結為瀰漫身心的、極為深重的憂患意識。這種憂患意識包含了甚為複雜的內容，其中有對國家政治與社會群體的關懷，也有對個人安身立命之道的探求。玄學的產生即是以這種憂患意識為主要的動因。正始年間先由王弼通過抽象思辨的形式，提出調和名教與自然的主題，用以處理當時的各種矛盾和衝突，化解這種令人難以承受的深重憂患之感。嵇康與郭象亦是在這樣的時代氛圍下，將他們對人世及自身的關懷，凝聚於名教與自然的問題上，建構出各自的理論和體系。本章即在闡明兩者處理此一問題的真正目的及其異同。

第一節　嵇康處理名教與自然問題的目的

　　嵇康的思想原先也是傾向名教與自然的結合，以理想糾正現實的偏差，使現實能夠符合理想。嵇康前期的思想和正始時期的何晏、王弼一樣，雖然對曹魏政權的表現不滿，但心中尚未失去對改革的期待。就實際的處境看，玄學雖然與當時的政治有密切的關係，卻不能只狹隘地看作是某一個政治集團的文宣作品而已。玄學家的思維反映的是整個時代精神的趨向，注重從超越的高度和視野對現實政治進行全面的、合理的調整，從王弼、嵇康到郭象皆是如此。然而，嵇康並沒有像王弼那樣投注心思於討論有與無的關係問題，而是明確地將名教與自然對舉，作為其玄學思維的基本範疇。他以自然為本，名教為末，實際上和王弼的貴無論一樣，也是一種本體論哲學。其〈太

師箴〉云：

> 宗長歸仁，自然之情。故君道自然，必託賢明。芒芒在昔，罔或不寧。華胥既往，紹以皇羲。默靜無文，大朴未虧。萬物熙熙，不夭不離。降及唐虞，猶篤其緒。體資易簡，應天順矩。絺褐其裳，土木其宇。

這種說法和王弼所言「聖人茂於人者神明也，同於人者五情也。神明茂，故能體沖和以通無；五情同，故不能無哀樂以應物。然則，聖人之情，應物而無累於物者也。」〔註1〕是相通的；應物是外王，無累於物是內聖，此種內聖外王之道也就是自然與名教的結合。嵇康在〈六言詩〉中，更進一步將唐虞之世「君道自然」的政治型態樹立爲最高的理想：「唐虞世道治：萬國穆親無事，賢愚各自得志，晏然逸豫内忘，佳哉爾時可憙」，其中洋溢著慷慨的熱情和樂觀的信念。

但是從高平陵事件以後，何晏等名士碩彥慘遭摧戕，隨著這種歷史局勢的演變，嵇康原先的信念與期待受到劇烈的衝擊而崩潰。他被迫在理想與現實、個人與社會之間的各種可能關係裡重新作出選擇，以建立一個新的精神寄託。在〈卜疑〉中，嵇康以一連串深沉的反省自我質問：

> 寧如老聃之清淨微妙，守玄抱一乎？將如莊周之齊物，變化洞達，而放逸乎？
>
> 寧如夷吾之不恬束縛，而終立霸功乎？將如魯連之輕世肆志，高談從容乎？
>
> 寧如市南子之神勇內固，山淵其志乎？將如毛公藺生之龍驤虎步，慕爲壯士乎？
>
> 此誰得誰失？何凶何吉？

由此可知，他的處世態度是經過反復斟酌，深思熟慮之後所作的抉擇。〔註2〕在嵇康後期的玄學思想中，名教與自然的結合已經瓦解，並且分裂爲對立的

〔註1〕《魏書》，卷二十八，〈鍾會傳〉注引〈何劭王弼傳〉。

〔註2〕羅宗強指出，在〈卜疑〉中，嵇康一連串提出了二十八種處世態度，作爲抉擇思考的問題。歸納起來大致可分爲三類：第一類是入世的，如「將進伊摯而友尚父」等；第二類是遊戲人間的，如「傲倪滑稽挾智任術」等；第三類是出世的，如「外化其形，內隱其情，屈身隱時，陸沉無名，雖在人間，實處冥冥」等。參閱其所著，《玄學與魏晉士人心態》，（臺北市：文史哲出版社，民國81年11月初版），頁108～109。

兩極，相互排斥。終於他提出「越名教而任自然」的主張，進而對現實名教的種種弊端展開猛烈的抨擊：

> 造立仁義，以嬰其心。制爲名分，以檢其外。勸學講文，以神其教。故六經紛錯，百家繁熾，開榮利之途，故奔騖而不覺。是以貪生之禽，食園池之梁菽；求安之士，乃詭志以從俗。操筆執觚，足容蘇息；積學明經，以代稼穡。是以困而後學，學以致榮；計而後習，好以習成，有似自然，故令吾子謂之自然耳。【〈難自然好學論〉】

道德原出自人內在惻隱、羞惡、正義感、是非觀念等等的心靈自覺，由是在自由抉擇的狀態下自我實踐、自我完成，這是根源於人內心善意的一種高貴生命活動。而禮法則是國家、民族與社會在長期文化薰陶的人際脈動中，所形成的一種稱情合理的行爲規範與儀文典制，目的在於促進群體生活的融洽、安適與和諧。然而，道德與禮法如果落入政治勢力的操縱箝制，假借名目欺愚誑拙，甚至塑造輿論打擊異己，以滿足其權力野心和自私欲望，則這種徒具教條形式的道德禮法根本虛僞不實，缺乏內在誠心善意的眞價值，而且顯得極不自然。在權力和欲望的脅迫誘惑之下，道德禮法訂定得越細密，機心巧詐卻反而越加嚴重，不但不能促進人倫世界的和諧與安適，反而製造更多的紛爭與亂象。嵇康的後期思想，對這種缺乏實質精神的假道德、假禮法深感憤慨，認爲這無異於殘賊之術、禍患之具。所以他提出「越名教而任自然」主張的旨意，即在於揭發名教的迂腐和虛僞，向世人宣告現實已經墮入黑暗，沉疴難起；唯有超越世俗名教的束縛，才能保持理想的完整與純粹。就實際政治的角度說，這個主張同時也表達他對操縱名教、手段殘忍的司馬氏集團的厭惡和決裂態度。

　　探究嵇康思想前後的轉折，他之所以反抗名教，並非出於本願。魯迅對魏晉時代現實的荒謬性，有一段透徹的解析：

> 魏晉時代，崇奉禮教的看來似乎很不錯，而實在是毀壞禮教，不信禮教的。表面上毀壞禮教者，實則倒是承認禮教，太相信禮教。因爲魏晉時所謂崇奉禮教，是用以自利，那崇奉也不過偶然崇奉，如曹操殺孔融，司馬懿（按：應爲司馬昭）殺嵇康……不過將這個名義，加罪於反對自己的人罷了。於是老實人以爲如此利用，褻瀆了禮教，不平之極，無計可施，激而變成不談禮教，不信禮教，甚至於反對禮教。——但其實不過是態度，至於他們的本心，恐怕倒是

相信禮教，當作寶貝，比曹操司馬懿們要迂執得多。〔註3〕

如果通過嵇康玄學理論的表述，深入地探索其思想的真實本質，可以看出他激烈的言論所透顯的真正意義，其實並不是名教與自然的對立，而是現實與理想的對立。如田文棠所說：「嵇康所激烈反對的，只是現實政治中司馬氏集團所推行的虛偽的禮法、名教；而對於『為教之正』的封建社會的綱常名教，他不但不反對，反而認為應當是『懷忠抱義』，『默然從道』。（〈聲無哀樂論〉）」〔註4〕因為嵇康批判現實的名教違反自然，必須先在心目中確立一個合乎自然的名教，作為正面的理想及參考的架構，如果缺少這個正面的理想作依據，他的批判就失去前提，無法對現實的名教進行比較與衡量。質言之，嵇康高倡「越名教而任自然」的用意，是在突顯當時社會現狀的虛偽，拆穿當權者毀壞名教的真面目。這一切，皆由於他心中始終有一個「迂執」的、篤信不渝的名教理想。比如他說：

> 昔鴻荒之世，大樸未虧，君無文于上，民無競于下；物全理順，莫不自得。飽則安寢，飢則求食。怡然鼓腹，不知為至德之世也。【〈難自然好學論〉】

> 若以往則萬國同風，芳榮濟茂，馥如秋蘭；不期而信，不謀而成，穆然相愛，猶舒錦布綵，燦炳可觀也。大道之隆，莫盛于茲；太平之業，莫顯于此。【〈聲無哀樂論〉】

這是嵇康堅定不移的理想，只是當他以這個心目中理想的名教和現實的名教作比較時，卻處處發現令人痛心失望的情況。他說：

> 季世陵遲，繼體承資，憑尊恃勢，不友不師。宰割天下，以奉其私。故君位益侈，臣路生心。謁智謀國，不吝灰沉。賞罰雖存，莫勸莫禁。若乃驕盈肆志，阻兵擅權。矜威縱虐，禍崇丘山。刑本懲暴，今以脅賢。昔為天下，今為一身。下疾其上，君猜其臣。喪亂弘多，國乃隕顛。【〈太師箴〉】

雖然就理論的表述而言，嵇康後來的確在某些篇章裡，將名教與自然分裂為對立的兩極；但這種分裂，無論從邏輯或從事實的角度來看，都不可能成立，

〔註3〕 魯迅著，〈魏晉風度及文章與藥及酒之關係〉，收錄於《而已集》，（臺北市：風雲時代出版社，民國78年初版），頁137。

〔註4〕 見田文棠著，《魏晉三大思潮論稿》，（西安市：陝西人民出版社，1988年版），頁129～130。

而且也不代表他的本意。這實際上不過是在現實強烈的刺激之下，玄學理論型態上所呈現出的一種暫時性的扭曲現象。

如前所述，嘉平以後嵇康將其存在的悲涼感受，融入玄學思維之中，激越地抒發對現實的憤慨，明顯地反映了他所面對的，不同於何晏、王弼的歷史階段。然而，哲學思想歸根結柢是時代精神的反映，不能脫離現實而存在；所以嵇康的玄學始終承受著沉重的痛苦，在現實與理想對立的兩極中，不安地擺盪。嵇康將「外在世界的分裂還原為內心的分裂，並且極力探索一種安身立命之道恢復內心的寧靜」。〔註5〕為的是使現實世界重新獲得合理的性質，提升至更高、更完善的境界，以符合人們迫切的精神需求與期待。這是嵇康玄學思想的特徵，也是他處理名教與自然的目的所在。

倘若再進一步看，嵇康「越名教而任自然」的主張，不但對變質的虛妄名教進行解讀和解構，表現出他對現實政治社會的批判立場之外，同時也建構了一種自然而真實、曠達而健康的的生命價值觀。〔註6〕因此，他說：

> 君子之行賢也，不察于有度而後行也。任心無邪，不議於善而後正也。顯情無措，不論于是而後為也。是故，傲然忘賢而賢與度會。
>
> 忽然任心而心與善遇。儻然無措而事與是俱也。【〈釋私論〉】

「顯情無措」是成就真正道德行為的前提，也是救治名教弊病最有效的藥方。有意造作、扭曲自我或者壓抑真實情感，都是使生命陷入矛盾痛苦的根源。若能「任心無邪」，則生命即可自然回復純真與素樸，人倫世界亦可獲致和諧融洽。因此，「越名教而任自然」，不僅簡捷有力地突顯嵇康堅決反抗虛偽名教的態度，其實也蘊涵回歸自然、展現真我的價值追求與人生哲學。

第二節　郭象處理名教與自然問題的目的

歷史演進到了西晉永嘉年間，現實世界的苦難悲涼更加劇烈地折磨著人們的心靈。因為深切地呼應時代的普遍感受，嵇康、阮籍的竹林玄風在當時

〔註5〕 見余敦康著，《魏晉玄學史》，頁301。余氏進而表示，嵇康玄學思想的演變，既是歷史的必然，又是邏輯的必然。同為竹林七賢的阮籍亦有類似的思想轉變。

〔註6〕 曾春海認為，嵇康任自然的自然思想，所透顯的生命價值觀，就是接引吾人「順天和以自然」、「任自然以託身」追求吾人精神上之至樂和至味的心靈生活。參閱其所著，《竹林玄學的典範──嵇康》，頁68。

社會上蔚爲一股虛浮放達的潮流，引領著知識份子，試圖在令人心灰意冷的現實名教之外，尋求一種超越的境界。但實際上，這種超越的境界是不存在的，因爲它脫離了現實而成爲憑空的幻想，結果只能往相反的方向發展，變成對現實奴性地屈服和順從，連精神的自由都遭到凌辱和踐踏。

裴頠的〈崇有論〉，即是剋就當時社會上所瀰漫之放蕩虛浮的風氣而發，認爲知識份子以不縈於物務自許，不遵禮法，群起競相仿傚，導致風教陵遲。關於這種現象，裴頠有銳利的批評：

> 夫盈欲可損而未可絕有也，過用可節而未可謂無貴也。蓋有講言之具者，深列有形之故，盛稱空無之美。形器之故有徵，空無之義難檢，辯巧之文可悅，似象之言足惑，眾聽眩焉，溺其成說。雖頗有異此心者，辭不獲濟，屈於所狃，因謂虛無之理，誠不可蓋。唱而有和，多往弗反，遂薄綜世之務，賤功烈之用，高浮游之業，埤經實之賢。人情所殉，篤夫名利。於是文者衍其辭，訥者讚其旨，染其眾也。是以立言藉於虛無，謂之玄妙；處官不親所司，謂之雅遠；奉身散其廉操，謂之曠達。故砥礪之風，彌以陵遲。放者因斯，或悖吉凶之禮，而忽容止之表，瀆棄長幼之序，混漫貴賤之級。其甚者至於裸裎，言笑忘宜，以不惜爲弘，士行又虧矣。【《晉書·裴頠傳》】

他痛陳這種狂放虛無風氣的流弊，反對嵇康、阮籍等玄學家對名教的超越態度，極力維護現存的制度與秩序。〔註7〕但是，這種脫離自然的名教，缺乏超越的崇高理想，結果同樣使人屈從於荒謬沉淪的現實，還是無法合理地解決兩者衝突的問題。

以上所述是在郭象之前，兩種針鋒相對的玄學思想，後來卻各自向著其對立面轉化：抱持超越立場的一方，被迫違反自己的本願，宣稱現實是不能超越的；而捍衛的現實的一方，也同樣被迫違反自己的本願，宣稱現實是必須超越的。「永嘉時期」郭象玄學的任務，〔註8〕就在於綜合總結這兩種偏離

〔註7〕 余敦康認爲，裴頠的〈崇有論〉是一篇戰鬥的檄文，雖然它針對何晏、王弼貴無論而發，實在是找錯了批判的對象，它應該是以嵇康、阮籍爲目標才對。不過，裴頠維護名教的慷慨之情躍然紙上，是可以明顯感覺得到的。參閱其所著，《魏晉玄學史》，頁349。

〔註8〕 據湯用彤在〈魏晉思想的發展〉一文中，將魏晉思想的發展區分爲四期：「（一）正始時期，在理論上多以《周易》、《老子》爲根據，用何晏、王弼作代表。（二）

玄學的主題，而各自傾向片面發展的思想，從而完成調和名教與自然的理論。他致力於將嵇康自然論所主張現實是必須超越的，與裴頠崇有論所強調現實是不能超越的，這兩個相互矛盾對立的命題，予以辯證地統一。因此，郭象一方面針對嵇康所主張的超越思想，申明現實是不能超越的，否則將成為憑空孤懸的幻想；另一方面又針對裴頠所強調的現實立場，申明現實是必須超越的，否則將失去改革提升的理想。郭象玄學的此一主旨，與黑格爾相當類似，都是致力於理想與現實的調和工作。在中外哲學史上，凡是這種從事綜合總結的哲學家，皆很難避免來自正反兩方面的攻詰。黑格爾也是如此，他在《法則學原理》的〈序言〉中提出兩個頗負盛名、相互對立的命題：

> 凡是合乎理性的東西都是現實的；

> 凡是現實的東西都是合乎理性的。〔註9〕

這兩句話歷來引起許多人的詫異和反對。為現實辯護的人，往往依據後一個命題來攻詰前者；而要求改革現實的人，則總是依據前一個命題來攻詰後者。其實，黑格爾想要指出的是，哲學的任務在於理解存在的東西，理性不存在於現實之外，而存在於現實之中；即使現實變成受苦受難的十字架，哲學也不該超越現實，憑藉個人的想像與執著而建構一個應然的世界來和現實相對立。因此，黑格爾認為，「合乎理性的東西」與「現實的東西」二者構成一對辯證的統一體。如果從相互排斥的觀點看，這兩個命題都不是真理；只有將兩者結合起來，才能促使理性轉化為現實，現實轉化為理性。與這兩個命題相關聯，黑格爾進一步提出調和哲學與現實的看法。他說：

> 在現在的十字架中去認識作為薔薇的理性，並對現實感到樂觀，這
> 種理性的洞察，會使我們跟現實調和；哲學把這種調和只給與那些
> 人，他們一度產生內心的要求，這種要求驅使他們以概念來把握，
> 即不僅在實體性的東西中保持主觀自由，並且不把這種主觀自由留

元康時期，在思想上多受莊子學的影響，『激烈派』的思想流行。（三）永嘉時期，至少一部分人士上承正始時期『溫和派』的態度，而有『新莊學』，以向秀、郭象為代表。（四）東晉時期，亦可稱『佛學時期』。」見其所著，《魏晉玄學論稿》，收錄於《魏晉思想甲編五種》，（臺北市：里仁書局，民國 73 年 1 月版），頁 136。

〔註 9〕Georg Wilhelm Friedrich Hegel 著，范揚、張企泰譯，《法哲學原理》，（北京市：商務印書館，1996 年 8 月北京第 6 次印刷），〈序言〉，頁 11。

在特殊的和偶然的東西中，而放在自在自為地存在的東西中。〔註10〕
這種思想也經常受到誤解，以為他主張與現實妥協，而不想要改革既存的世界。實際上，他並沒有將象徵苦難現實的「十字架」與象徵理性的「薔薇」等同看待，而只是強調必須「在現在的十字架中去認識作為薔薇的理性」。意即，黑格爾認為如果脫離現實去追求主觀自由，這種自由就只能是一種特殊的、偶然的東西，而不是自在自為地存在的東西。永嘉時期郭象玄學所承擔的雙重任務，正和黑格爾所表達的哲學思維極為相似。郭象也沒有將「十字架」都當作是「薔薇」看待；易言之，他並非意圖片面地證明「凡是現實的東西都是合乎理性的」，如果這樣理解郭象，是一種偏頗的觀點。其實他和嵇康一樣，對名教的弊端也有深切的反省，並非一味地擁護存在的現實。比如他說：

> 夫仁義者，人之性也，人性有變，古今不同也。故遊寄而過去則冥，若滯而係於一方則見，見則偽生，偽生而責多矣。【《郭象注莊・天運》】
>
> 夫先王典禮，所以適時用也。時過而不棄，即為民妖，所以興矯效之端地。【同上】
>
> 況夫禮義，當其時而用之，則西施也；時過而不棄，則醜人也。【同上】
>
> 夫道以不貴，故能存世。然世存則貴之，貴之，道斯喪矣。道不能使世不貴，而世亦不能不貴於道，故交相喪也。【《郭象注莊・繕性》】

從這些引文顯示郭象的一個重要看法，即禮義只是外在治化之用迹，原應遊寄於當時而隨順其過去，不執不滯，冥於當下。如果滯繫於一方則見其迹，固執此迹而不能冥，則虛偽滋生。因此名教之用貴在於適合時宜，如果不能應時而用，時已過而不更換棄絕，則妖妄虛矯皆將隨之而興，衍至弊端叢生。由此可見，郭象也瞭解，名教自身所產生的質變，將給社會帶來更多的危機。所以，必須綜合「凡是合乎理性的東西都是現實的」與「凡是現實的東西都是合乎理性的」這雙重面向，我們才能消除對郭象的誤解，如實地理解他的玄學。

扼要地說，郭象的獨化論玄學的意旨，即在於證明自然就是名教，名教

〔註10〕《法哲學原理》，〈序言〉，頁13。

就是自然，超越的玄冥之境不在名教之外，而就在名教之中。他這種調和名教與自然的辯證觀點，在注解《莊子》時發揮得淋漓盡致。例如他說：

> 夫自任者對物，而順物者與物無對，故堯無對於天下，而許由與稷契爲匹矣。何以言其然邪？夫與物冥者，故群物之所不能離也。……若亢然立乎高山之頂，非夫人有情於自守，守一家之偏尚，何得專此！此故俗中之一物，而爲堯之外臣耳。【《郭象注莊・逍遙遊》】

> 夫遊外者依內，離人者合俗。【《郭象注莊・大宗師》】

> 言俗不爲尊嚴於君親而從俗，俗不謂之諂，明尊嚴不足以服物，則服物者更在於從俗也。聖人未嘗獨異於世，必與世消息。【《郭象注莊・天地》】

> 天然在內，而天然之所順者在外，故〈大宗師〉曰：「知天人之所爲者至矣。明內外之分，皆非爲也。」【《郭象注莊・秋水》】

在這種辯證的觀點之下，郭象不斷強調「遊內與遊外齊一」、「山林與廟堂等同」的玄學思維。內聖與外王雖有內外之分，但只有天然和天然之所順的分別，實際上都是合乎自然的非爲。郭象以「無爲」、「不治」爲手段，而達到「有爲」、「有治」的目的；手段是消極的，目的則是積極的。簡言之，郭象玄學所欲證明的就是名教本乎自然，自然亦不能獨立於名教之外，名教與自然實是一體的兩面。

第三節　兩者處理名教與自然問題的目的之比較

　　嵇康後期思想隨著歷史形勢的推演，處理名教與自然問題的態度，也產生極爲明顯的改變。他在〈釋私論〉提出「越名教而任自然」的主張，用意並不在於全面否定名教的價值，而著重在譏刺當時名教的虛僞面貌，揭露政治與社會上充斥的荒謬現象，期盼奮一己之力激濁揚清。他對現實名教的詭詐變質之所以憤慨難忍，恰由於他對眞正名教價值的確切認知與堅持信念。易言之，他主張超越虛有其表的名教、與現實決裂，就是爲了彰顯名教的眞實意涵，固執自我地追求心中的理想。是以，同爲竹林名士，嵇康的生命情調與阮籍不盡相似。正如李澤厚、劉綱紀所說：

> 實際上，他（嵇康）比阮籍更執著於儒家所講的仁義、名節，有著更強烈的是非觀念，是一個十分嚴肅剛正的人物。史書記載了阮籍

> 不拘禮法的許多小故事，……嵇雖和阮以反對儒家禮法著稱，但史
> 書並未記載他的一件類似於阮籍那樣的不拘禮法的故事。……阮籍
> 對人生抱著一種悲苦的、又近於遊戲的藝術的態度，很少對人生作
> 系統的理論思考；相反，嚴肅地執著於人生的嵇康，在理論上作了
> 許多認眞系統的思考，展現了很高的理論思辯的能力，這又是阮籍
> 所不及的。〔註11〕

嵇康和阮籍作爲魏晉之交的清流領袖，對現實有相同的感慨，他們對世間俗
儒的淺陋妄爲、政客的陰狠狡詐深惡痛絕，都想藉由老莊之道、神仙之術來
經營出一片安身立命的淨土。〔註12〕但嵇康對名教價值的關懷與固執，卻非
阮籍所能及。觀察嵇康前期思想的主軸，如同正始時期的王弼，也致力於結
合名教與自然，爲解決現實政治和社會的種種問題，而提出改革的理想。譬
如，嵇康在〈答難養生論〉中就曾描繪一個將名教與自然完美結合的「至人」
典範。他說：

> 至人不得已而臨天下，以萬物爲心，在宥群生，由身以道，與天下
> 同于自得，穆然以無事爲業，坦爾以天下爲公。雖居君位，饗萬國，
> 恬若素士接賓客也；雖建龍旂，服華袞，忽若布衣在身也。故君臣
> 相忘于上，蒸民家足于下。

這種內聖外王之道，亦即是名教與自然相結合的理想，對郭象產生了直接而
深刻的影響。例如郭象說：

> 夫聖人雖在廟堂之上，然其心無異於山林之中，世豈識之哉！徒見
> 其戴黃屋，佩玉璽，便謂足以纓紱其心矣；見其歷山川，同民事，
> 便謂足以憔悴其神矣，豈知至至者之不虧哉！【《郭象注莊·逍遙遊》】
>
> 夫能令天下治，不治天下者也。故堯以不治治之，非治之而治者也。
> 今許由方明既治，則無所代之。而治實由堯，故有子治之言，宜忘
> 言以尋其所況。而或者遂云：治之而治者，堯也；不治而堯得以治
> 者，許由也。斯失之遠矣。夫治之由乎不治，爲之出乎無爲也，取
> 於堯而足，豈借之許由哉！若謂拱默乎山林之中而後得稱無爲者，

〔註11〕 李澤厚、劉綱紀主編，《中國美學史》，（臺北市：谷風出版社，1987版），第
二卷，頁235～236。

〔註12〕 參閱戴璉璋著，《玄智、玄理與文化發展》，（臺北市：中央研究院中國文哲研
究所，民國91年3月初版），頁120。

此莊老之談所以見棄於當塗。當塗者自必於有爲之域而不反者，斯
之由也。【同上】

郭象處理名教與自然問題的目的，和嵇康前期一致，兩者都試圖提出一種內聖外王之道來結合二者。魏晉玄學家以哲學層次的思考，普遍將名教與自然的關係看作是現象與本體的關係，自王弼起即是如此，嵇康與郭象亦然。在本體論的哲學中，現象與本體是不能分離而單獨存在的。是以，從這個角度看，探索一種如何將名教與自然結合起來最完美的方法，乃是各個玄學家共同追求的目標。

嵇康與郭象同樣身居魏晉紛亂的世局，時代的苦難既是無法逃避的，卻又令人難以忍受。他們處理名教與自然的問題，皆是希望藉以尋求一條擺脫苦難的出路，不僅建構一種內聖外王的政治哲學，也作爲個人安身立命可資遵循的準則。但是這個共同的目標，在嵇康後期的思想中被更改了，正始末年司馬氏集團一手策劃的慘劇發生以後，他的態度丕變，從名教與自然的結合轉成對立，代表現實與理想的正面衝突和徹底決裂。實際上，這是嵇康在對虛妄的名教痛心疾首之下所提出的主張，不僅違反他處理名教與自然問題的初衷，也導致他的玄學思維陷入極端的對立和痛苦之中。

郭象則重視名教的存在，不能認同對名教的決裂和超越；但他並非無視於名教的可能弊端，所以也強調自然的重要性。郭象調和名教與自然的用意，並不像裴頠那樣爲現實的一切作辯護，而在於指出理想必須立足於現實，才有實現的基礎；同時，現實亦必須符合理想，才具有存在的價值。因爲郭象目睹當時虛浮狂放的社會風氣，察覺到超越現實的道路終究窒礙難行，理想不能脫離現實的土地而建築一個空中閣樓。換句話說，即使現實充滿虛僞和荒謬，還是應該積極去面對、投入改革，才能讓理想在黑暗的現實世界裡綻放光亮，爲承受苦難的人們重新點燃希望。

申言之，玄學思想的本質，既然是一種闡發內聖外王之道的政治哲學，原本務求與外在世界相應一致，爲當時不合理的政治局面，規劃一種合理的改革願景。但是當現實變得更加荒謬，連改革糾正的可能性也完全喪失時，玄學就從外在世界分離出來，退回到玄學家自身之內，用應該實現的理想來對抗現有的存在。是以玄學發展到了竹林時期，嵇康以反叛及超越名教的姿態，爲其思想塗上一層脫離現實的、玄遠之學的色彩，玄學遂由政治哲學轉變成人生哲學，由外向變成內向，由積極入世轉變成消極避世。余敦康引述

黑格爾《精神現象學》中的世界異化理論，頗能說明嵇康哲學面臨的困境：

> 這個世界是一個自身異化了的實在，不是一個單一的世界，而是一
> 個分離的、對立的、雙重的世界。在第一個世界裡，自我意識本身
> 及其對象都是現實的，二者互相適應，從而自我意識承認社會秩序。
> 而另一個世界則是在純粹意識中建立起來的世界，它與異化相對
> 立，不承認社會秩序，但不是當前現實的，而是在信仰之中，是對
> 當前現實世界的逃避。由於這種逃避事實上不可能，只是另一形式
> 的異化，其特點恰恰在於對兩個不同的世界有所意識，本身就直接
> 是一個雙重性的，所以構成辯證發展的兩極，處於轉化的過程之中。
> 〔註13〕

嵇康後期的思想即是對當時客觀世界異化的主觀反映，現實世界自身的分
離、對立和二重化，導致其自我意識與人格的二重化，又進一步導致其玄學
理論的二重化，呈現出前後矛盾的面貌。〔註14〕但是，名教即使已經異化，
畢竟還是一種無法超越的、現實的存在；而且自然如果脫離了名教，不過是
一種虛無縹緲、無憑無據的幻想。所以嵇康所執著的名教理想，既無法在異
化變質的現實世界中得到安頓，又不能在孤絕隔離的自然中得到落實，結果
進退維谷、徬徨無依。

　　呈現在嵇康後期思想中的這種二重對立，有待繼起的郭象來探究與克
服。郭象認同嵇康前期結合名教與自然的目標，致力於建構二者辯證統一的
理論，並且調整嵇康後期激越的主張，意圖將那走入虛無縹緲之境的玄學思
維，重新拉回人間的現實世界；由此化解名教與自然的衝突，也化解現實與
理想的對立。玄學的意義與價值，在於提出理論方法，使亂世中徬徨無助的
心靈，得到安頓與寄托；並且為異化的苦難世界，重建一種合理而安適的秩
序，這是郭象處理名教與自然問題的目的，其實也是嵇康自始至終不曾放棄
的理想。

〔註13〕余敦康著，《魏晉玄學史》，頁308。

〔註14〕不過就嵇康對名教的態度來說，並沒有矛盾之處。因為嵇康「越名教而任自
　　　　然」的主張，所反對的是司馬氏集團的偽名教，對於「為教之正」的綱常名
　　　　教，仍然抱持肯定的態度，二者並不構成矛盾，而且符合嵇康一貫堅持的立
　　　　場。參閱戴璉璋著，《玄智、玄理與文化發展》，頁157。

第六章　嵇康與郭象詮釋「名教」與「自然」意義與內涵之比較

　　雖然嵇康與郭象處置名教的態度有所不同，前者主張超越現實，後者主張立足於現實；但是崇尚自然的態度，兩者是一致的。嵇康後期認為現實名教違反自然，而倡言「越名教而任自然」；郭象則認為名教是一種源於自然的存在，縱然有其弊端，卻不能輕言捨棄。在對治名教之弊的用心下，嵇康塑造「無措」的君子新義，郭象則描繪「無心順有」的聖人境界。兩者的自然思想皆源出道家，與莊子關係尤其密切，頗有互通之處；不過他們關於自然的詮釋卻不盡相同，嵇康多取莊子齊物論之旨意，郭象則發揮道家的自然無為之義最為徹底。以下即分別析論兩者詮釋名教與自然之義蘊，並比較其異同。

第一節　嵇康的名教觀

　　嵇康對於當時名教深感不滿與失望，遂將理想寄託於遠古的世界，嚮往「昔鴻荒之世，大樸未虧，君無文于上，民無競于下」【〈難自然好學論〉】的社會形態，彼時人們根本不知仁義禮律為何物，卻能夠生活自由，安居樂業，不受干擾與逼迫，君民相安無事，皆各自得自適。然而，由於歷史演變，大道衰微，名教開始出現，各種虛偽矯飾也隨之衍生。這種觀點屢屢出現於其著作中，比如他說：

　　　　及至人不存，大道陵遲，乃始作文墨，以傳其意。區別群物，使有

族類。造立仁義，以嬰其心。制爲名分，以檢其外。勸學講文，以
神其教。故六經紛錯，百家繁熾，開榮利之途，故奔騖而不覺。是
以貪生之禽，食圜池之梁菽；求安之士，乃詭志以從俗。操筆執觚，
足容蘇息；積學明經，以代稼穡。【〈難自然好學論〉】

大道既隱，智巧滋繁；世俗膠加，人情萬端。利之所在，若鳥之追
鸞。富爲積蠹，貴爲聚怨。【〈卜疑〉】

下逮德衰，大道沉淪。智惠日用，漸親其私。懼物乖離，攘臂立仁。
名利愈競，繁禮屢陳。刑教爭馳，天性喪眞。【〈太師箴〉】

在道德隱沒之際，世俗的功名利祿使人陷入羅網；束縛、扭曲了人眞實的性
情；知識份子奔騖競逐於富貴之間，各擁經文造立仁義，智巧運用失當的結
果，導致禮法繁瑣、刑教爭馳。這是「大道沉淪」、「天性喪眞」的時代。嵇
康再進一步揭發現實社會的種種荒謬現象：

遊心極視，不睹其外；終年馳騁，思不出位；聚族獻議，唯學爲貴；
執書擿句，俛仰咨嗟。伏膺其言，以爲榮華。故吾子謂六經爲太陽，
不學爲長夜耳。今若以明堂爲丙舍，以諷誦爲鬼語，以六經爲蕪穢，
以仁義爲臭腐，覩文籍則目瞧，修揖讓則變傴，襲章服則轉筋，譚
禮典則齒齲。【〈難自然好學論〉】

六經以抑引爲主，人性以從欲爲歡。抑引則違其願，從欲則得自然。
然則自然之得，不由抑引之六經；全性之本，不須犯情之禮律；固
知仁義務于理僞，非養眞之要術；廉讓生于爭奪，非自然之所出也。
【同上】。

他直斥仁義禮法務於理僞，違反人性自然。名教之弊既已積重難返，於是他
憤然在〈釋私論〉〔註1〕中倡言「越名教而任自然」，正式將名教與自然對立
起來，企圖揚棄令人痛苦不堪的現實世界，另外尋求一個超越的境界。〈釋私

〔註1〕 在嵇康的文論中，百分之七十以上是辯難的文章，據侯外廬指出：「這巨大數
量的辯難文章中，包含著他的辯論方術的義例，也顯示了在許多問題上，他
的辯論方術的具體應用。這種辯論方術的義例與具體應用，雖然在其體系上
是一系列的詭辯，但是，在形式問題上面，卻閃出些光彩，對中國的邏輯學
的發展，是有貢獻的。」見侯外廬等著，《中國思想通史》，第三卷，《魏晉南
北朝思想》，頁179。〈釋私論〉是嵇康少數幾篇非論辯性質的著作之一；由於
不是論辯，故它的內容比較可以代表嵇康正面的想法。參閱岑溢成著，〈嵇康
的思維方式與魏晉玄學〉，《鵝湖學誌》，第九期，1992年12月，頁50。

論〉說：

> 夫稱君子者，心無措乎是非，而行不違乎道者也。何以言之？夫氣
> 靜神虛者，心不存于矜尚；體亮感達者，情不繫于所欲。矜尚不存
> 乎心，故能越名教而任自然；情不繫乎所欲，故能審貴賤而通物情。
> 物情順通，故大道無違；越名任心，故是非無措也。是故言君子，
> 則以無措為主，以通物為美；言小人，則以匿情為非，以違道為闕。
> 何者？匿情矜吝，小人之至惡；虛心無措，君子之篤行也。

這是「名教」一詞在魏晉玄學中首次以哲學問題的方式提出，而此詞之由來，
或許和漢代時人常以「教」說明教化之世界、人倫世界或被教化統御之世界
有關。〔註2〕嵇康以「名教」與「自然」相對舉，主張真正的君子應當「越名
教而任自然」，追求真實自我不受世俗禮法的牽絆拘束，這種態度符合傳統道
家的立場，而尤近於莊子。〔註3〕所謂君子，也就是無措於是非的至人。嵇康
由是非善惡念頭的「無措」，來說明「越名任心」、「越名教而任自然」；易言
之，有道無道、君子小人的分別，端視行為主體的心境有措與否而定。馮友
蘭認為嵇康這裡從兩個層次講「君子」：第一個層次「越名教而任自然」，是
就個人與社會關係而言，認為一個人應該順著自然本性生活下去，不管社會
上的清規戒律、條條框框，也不要去理會社會上的批評和讚揚，這就叫「心
無措乎是非」；第二個層次「審貴賤而通物情」，這是就人和萬物及宇宙的關
係而言，人應該物情順通，就能與大道無違，而達到物情順通的條件是「情
不繫於所欲」。〔註4〕嵇康對於人們違離自然、失其本真的體察極為深刻，看
出匿情與有措是導致人們智慧運用失當、欲望逐物不返的主因。他接著又說：

〔註2〕 郭梨華著，《王弼之自然與名教》，頁 60 云：「董仲舒曾以「王教」說明一政
　　　治、教化之世界（《春秋繁露》《實性篇》），王充則以「聖教」說明一人倫價
　　　值世界（《論衡》《率性篇》），王符在《潛夫論》中則有「天教」之說：若就
　　　其實質內涵之呈現當是董仲舒時對於「天」、「名」、「三綱五紀」之說明被確
　　　立下來成為傳統而被因襲。」

〔註3〕 張蓓蓓著，《中古學術論略》，頁 26 云：「嵇康根本以『名教』為世俗法度規
　　　矩的總稱，而不樂於拘守。……至於『名』字有如此廣泛的意義，則大體承
　　　用老子意。是故『名教』直可以依道家語釋作『有名之教』。道家嚮往『無名』
　　　境界，而輕『有名』狀態，嵇康用此意而創造出『名教』一詞。」

〔註4〕 參閱馮友蘭著，《中國哲學史新編》，共 7 冊，（臺北市：藍燈文化事業股份有
　　　限公司，民國 80 年 12 月初版），第 4 冊，頁 84。

> 故論公私者，雖云志道存善，心無凶邪，無所懷而不匿者，不可謂
> 無私；雖欲之伐善，情之違道，無所抱而不顯者，不可謂不公。今
> 執必公之理，以繩不公之情，使夫雖性善者，不離于有私；雖欲之
> 伐善，不陷于不公。重其名而貴其心，則是非之情，不得不顯矣。【同
> 上】

這裡表明名教的主要問題就在公私之分，而公私的表現則在於「顯情」或「匿
情」的區別。人若能無心於世俗是非的計較，體亮心達於廓然大公的大道，
即可成為無矜無尚，通物達道的君子。相形之下，小人之惡在於「匿情矜吝」，
存矜尚之心，情繫於所欲，虛情矯飾，藏私心，懷陰謀，做出傷天害理之事。
因此，君子「顯情無措」，小人「匿情為非」，形成尖銳對比；這種對於君子
小人的判別，不再只是注重行為的表相，更要追溯到行為主體心境之有措或
無措，匿情或顯情上。〔註5〕匿情是私的特徵，顯情是公的特徵；而隱匿真情
與措意於是非利害的計較，是互為因果的。換言之，嵇康從一個人內在動機
意念上之顯情或匿情，來判定公與私、君子與小人之別。小人所以匿情藏私，
在於其心有措於世俗禮法的是非，刻意勉強迎合，以騙取財貨和名利等。因
此，小人有措之心，表現為自私自利、藏匿掩飾的行為，違道而極不自然。
世俗禮教的弊病即在於只知講求形式，觀念僵化，嚴格考察人們表面行為的
是非，卻無法辨識其行為動機的真偽。嵇康則強調公私的分別，不僅在人們
外表的言行上著墨，更考察其內在心境執著與否。這裡所說坦然無私、是非
無措，不但是嵇康所提出救治名教弊病的根本藥方，也是其工夫論的要旨，
如戴璉璋所述：

> 嵇康據此把他的工夫論的重點放在智之運用如何「收之以恬」、欲之
> 需求如何「糾之以和」【〈答難養生論〉】這兩方面。在這兩方面的工
> 夫上，嵇氏不取臨時壓抑或事後補救的方法，他所提出來的治本之

〔註5〕 對於公私與善惡之關係，周大興認為：「嚴格的說，心境之公私（淑亮與隱匿
之分別）與是非善惡之間沒有必然之聯繫，前者乃『形式範疇』，後者為『內
容質料』。二者之結合可以有下列四種關係：A：是而公，B：是而私，C：非
而公，D：非而私。……故〈釋私論〉實是以有措無措，亦即公私之分來規定
是非善惡。」換言之，在嵇康來看，並無絕對的道德上之是非，只有相對於
公私坦匿而言的禮教規範之習俗的是非。參閱其所著，〈越名教而任自然——
嵇康釋私論的道德超越論〉，《鵝湖月刊》，第17卷，第5期，1991年11月，
頁31～32。

道是釋私、無措,即由私念的化解而導致心靈的虛靜明達。〔註6〕
嵇康注重去私,目的在於解消世俗禮法虛假之弊,尤其是針對那些如「虱之
處乎褌中」的似是而非的偽君子。〔註7〕但是,鼓吹「顯情無私」的結果,是
否會造成另外一批「真小人」的任誕風氣?同樣是顯情無私,阮籍高呼「禮
豈爲我輩設邪」,率性醉臥於酒肆美婦身旁,和後來士人公然裸裎醜態畢露的
行徑,到底有什麼差別?換言之,是否注重心境的無私無偽,就可以解消行
爲上是非善惡的分別?所謂顯情,是彰顯自己的真情,以坦蕩磊落的胸懷面
對一切而無所隱匿之意;人能顯情,必然無私,但未必就能無措。嵇康接著
說:

> 夫是非必顯,有善者無匿情之不是,有非者不加不公之大非。無不
> 是則善莫不得,無大非則莫過其非,乃所以救其非也;非徒盡善,
> 亦所以屬不善也。【〈釋私論〉】

顯情無私可以讓言行是非透明化,對於有善者和有非者都有助益:一方面省
察善行是否由於私心作祟;另一方面,惡行的明朗表露,則使人不會文過飾
非,錯誤便容易挽救。這是嵇康重視「非而公」尤甚於「是而私」的理由。
他說:

> 夫公私者,成敗之途而吉凶之門也。……而栖心古烈,擬足公途;
> 值心而言,則言無不是;觸情而行,則事無不吉。于是乎同之所措
> 者,乃非所措也;欲之所私者,乃非所私也。言不計乎得失而遇善,
> 行不準乎是非而遇吉,豈非公成私敗之數乎?夫如是也,又何措之
> 有哉?【同上】

「值心而言」、「觸情而行」也就是任自然;任自然必定爲「是」,因爲這是「顯
情」,顯情就是公。若言行遮遮掩掩,想做而不做,想說卻不說,那就是不任
自然;不任自然即是「匿情」,匿情則一定爲「非」。在這裡,他一方面主張
言行順任自然,不須計較成敗得失;另一方面卻又把善惡、是非和吉凶等同

〔註6〕 戴璉璋著,《玄智、玄理與文化發展》,頁148。
〔註7〕 阮籍〈大人先生傳〉對當時世俗所謂「君子」,有一段極爲生動的諷刺:「且
汝獨不見夫,虱之處於褌中,逃乎深縫、匿夫壞絮,自以爲吉宅也。行不敢
離縫際,動不敢出褌襠,自以爲繩墨也。饑則嚙人,自以爲無窮食也。然炎
邱火流,焦邑滅都,群虱死於褌中而不能出。汝君子之處區內亦何異夫虱之
處褌中乎?」見陳伯君校注,《阮籍集校注》,頁165~166。

起來，結果還是不能不計較成敗得失，這是其中的一個內在矛盾。〔註8〕嵇康
又說：

> 是以君子既有其質，又睹其鑒；貴夫亮達，希而存之；惡夫矜吝，
> 棄而遠之。所措一非，而內愧乎神；所隱一闕，而外慚其形。言無
> 苟諱，而行無苟隱。不以愛之而苟善，不以惡之而苟非。心無所矜，
> 而情無所繫，體清神正，而是非允當。忠感明天子，而信篤乎萬民。
> 寄胸懷于八荒，垂坦蕩以永日。斯非賢人君子，高行之美異者乎？
> 【〈釋私論〉】

這裡所說的「內愧乎神」、「外慚其形」，顯然與傳統道德意識的羞惡之心有所
不同。相對於儒家行己有恥的自我反省，嵇康注重的則是廓然大公，無矜無
繫，坦然面對自我的純淨心態；也就是一種講究化偽成真，滌除所有加諸形
神之上的內在束縛與外在規範的修為工夫。無論行為是是非非，只要能顯情，
嵇康認為都可以開展無措的工夫。因為顯情是一個重要的契機，人如果能不
矯揉造作和文過飾非，時時皆以真面目待人，以真性情處事，他就可能從重
重塵網俗套中解脫，從種種陷溺沉淪中超拔出來，於是就可以有賢人君子之
行。戴璉璋進一步闡釋嵇康的觀點云：

> 嵇氏把一個人由顯情無私而至於無矜、無繫，而至於體清神正的心
> 路歷程作了具體而真切的描述。人對於所措、所隱之不是所產生的
> 那種「內愧乎神」、「外慚其形」的反應，是他能夠顯情的動力根源。
> 由於這種羞愧感，人乃能無苟諱、苟隱；無苟善、苟非。進而「心
> 無所矜，而情無所繫」，進而「體清神正，而是非允當」。嵇氏認為
> 這是賢人君子美異的高行。有這種高行的君子，可以在無措之中體
> 證玄理。〔註9〕

申言之，嵇康所說「內愧乎神」、「外慚其形」的羞愧感並非出自道德惻隱之
情或是善惡動機，而是出於對心境情感有所措意與隱私的一種排斥。此處提
示了人格修養的轉機，在於由顯情無私，進而達到任心無邪。如果心有所措、
情有所匿，心念一旦無法把持而往下沉淪，即是走向矯飾媚俗的偽君子之
途；而心念要往上提起，則需仰賴於「氣靜神虛」的修為功夫。如曾春海所
言：

〔註8〕 參閱馮友蘭著，《中國哲學史新編》，第4冊，頁86。
〔註9〕 戴璉璋著，《玄智、玄理與文化發展》，頁151～152。

對嵇康而言，「氣靜神虛」不但是正面發揮心的智慧光芒，從持久的日用工夫而言，人應該時時修養心靈，使「心」在處理動「性」時，能清澈照物。那就是「使智止於恬，性足以和」【〈答難養生論〉】，而不致於隨物遷流，以致生出是非好惡的情欲。因此，「氣靜神虛」的虛靜工夫是作用地保存心的本性和其應有的定位。〔註10〕

自老子以降，道家向來都不將工夫的重點放在聖智仁義的修爲及禮法制度的規範上。故云：「智慧出，有大僞。」【《老子·十八章》】又云：「絕聖棄智，民利百倍；絕仁棄義，民復孝慈；絕巧棄利，盜賊無有。」【《老子·十九章》】道家所關心的是如何「致虛極，守靜篤」，【《老子·十六章》】如何「滌除玄覽」【《老子·十章》】；認爲虛靜的道心一旦呈現，人即可以因任自然，知其子而守其母，然後聖智仁義及禮法制度等，就可以保住本來的價值。故王弼說：「絕聖而後聖功全，棄仁而後仁德厚」。〔註11〕〈釋私論〉所謂「不察」、「不議」、「不論」等，無非就是《老子》「滌除玄覽」、「絕聖棄智」之意。在此脈絡下，嵇康認爲，只要虛心無措，便能「傲然忘賢而賢與度會，忽然任心而心與善遇，儻然無措而事與是俱也」。他工夫論的立論根據，即是道家傳統中性命自然闇合於道，亦即自然中自有和理的觀點。〔註12〕〈釋私論〉最後引東漢第五倫的故事作結：

> 或問曰：「第五倫有私乎哉？曰：『昔吾兄子有疾，吾一夕十往省，而反必寐。自吾子有疾，終朝不往視，而通夜不得眠。』若是，可謂私乎？非私也？」答曰：「是非也，非私也。夫私以不言爲名，公以盡言爲稱，善以無吝爲體，非以有措爲負。今第五倫顯情，是無私也；矜往不眠，是有非也。無私而有非者，無措之志也。夫言無措者，不齊于必盡也；言多吝者，不具于不言而已也。故多吝有非，無措有是。然無措之所以有是，以志無所尚，心無所欲，達乎大道

〔註10〕 曾春海著，《竹林玄學的典範——嵇康》，頁84。
〔註11〕 〈老子指略〉，樓宇烈校釋，《老子周易王弼注校釋》，頁199。
〔註12〕 從氣化宇宙論的觀點來說，人的性命本屬自然，而自然之中本有和理，即自有一種和諧的韻律。因此在自然的生命處本來沒有什麼工夫可做，唯有因之任之而已。故王弼云：「萬物以自然爲性，故可因而不可爲，可通而不可執也。」【《王弼注·老子二十九章》】然而，在實際生活中，人的性命有違離自然，失其本眞的情況，這就需要回歸、盡性的工夫。依道家看，導致人違離自然，失其本眞的主要原因，就是智慧的運用失當，欲望的逐物不返。參閱戴璉璋著，《玄智、玄理與文化發展》，頁148、152。

之情，動以自然，則無道以至非也。抱一而無措，則無私無非；兼
有二義，乃爲絕美耳。若非而能言者，是賢于不言之私，非無情以
非之大者也。今第五有非而能顯，不可謂不公也。所顯是非，不可
謂有措也。有非而謂私，不可謂不惑公私之理也！」

第五倫的侄子生病，他一夜去探視十次，探視之後睡得很好；但當他自己的
兒子生病，卻沒有去探視，結果徹夜難眠。嵇康認爲，第五倫是「有非」，但
不是「有私」。因爲他能夠顯情，把自己的思想感情完全公開出來，這就是公。
他公開說出自己的錯誤，不怕別人恥笑，這就是「心無措乎是非」。因此，第
五倫有非能顯，比起名教世界禮法之士「外易其貌、內隱其情」之類是而非
是，人格境界還要高上一層。

　　總結〈釋私論〉的宗旨，可以由「心無措乎是非」一語來概括。〔註13〕
意謂不執著任何特定的標準或立場，更不可把任何特定的標準或立場絕對
化；一旦定著在特定的標準或立場上，就無法體亮心達、物情順通了。嵇康
強調的「無措」，亦即老子所說「滌除玄覽」、「絕聖棄智」的工夫，以保住心
的虛靜，使人返樸歸眞，因任自然。嵇康主張人必須先修養「氣靜神虛」、「體
亮心達」的境界，而後才能有「值心而言」、「觸情而動」的自在自適，也才
能自然地「賢與度會」、「心與善遇」、「事與是俱」；以臻於「言無不是」，而
「事無不吉」。他認爲「無措」可以無患，只要顯情無私，便不至於有不公之
大非。然而，就理論上說來，君子體亮心達、任心無邪的理想，和世間眞小
人的內無所愧、外無所慚的情形比較，二者同樣是言無苟諱、行無苟隱，但
是由「越名任心」、「是非無措」的君子理想，到「從欲得自然」之「認欲作
性」的層次，其間之境界有如天壤之別，二者的理論卻幾乎如出一轍。「這裡
的關鍵在於，嵇康取消了現實名教禮法的是非標準，以性情的眞假公私來取
代；也就是說，名教禮法的是非變成了桎梏人心的虛僞之器、分處之教，而
任心無邪、顯情無私的境界卻不能有什麼積極的內容。」〔註14〕因爲言行的
善惡，一概依據心境的淑亮坦蕩或矜吝隱匿，作爲判斷的標準，遂使一般傳
統道德看法下的「眞小人」，無形中提高其修養境界上的地位。

　　縱然如此，魏晉玄學的發展，至嵇康〈釋私論〉以心境情感的眞假問題，
取代道德是非的善惡標準，醒目地標幟出「越名教而任自然」的竹林玄學，

〔註13〕 參閱岑溢成著，〈嵇康的思維方式與魏晉玄學〉，頁50。
〔註14〕 周大興著，〈越名教而任自然——嵇康《釋私論》的道德超越論〉，頁34。

所描繪的至性眞情的名教理想色彩。嵇康對理想名教的執著，從臨刑前在獄中撰寫〈家誡〉訓示其子的內容，[註15] 亦可見一斑：

> 所居長吏，但宜敬之而已矣；不當極親密，不宜數往；往當有時。其有眾人，又不當獨在後，又不當宿。所以然者，長吏喜問外事，或時發舉，則怨者謂人所說，無以自免也；若行寡言，愼備自守，則怨責之路解矣。其立身當清遠。若有煩辱，欲人之盡命，託人之請求，則當謙言辭謝。

人們的思想或行爲，如果自我肯定，當會願意充作別人言行的榜樣。但嵇康卻非如此，甚至不願兒子模仿他。〈家誡〉所諄諄教誨的，多半是圍繞在待人接物上的應對進退，儼然以循規蹈矩、謹言愼行爲立身處世之道。由是，魯迅分析嵇康反抗禮法名教背後的眞正心態云：

> 嵇康是那樣高傲的人，而他教子就要他這樣庸碌。……社會上對於兒子不像父親，稱爲「不肖」，以爲是壞事，殊不知世上正有不願意他的兒子像自己的父親哩。試看阮籍嵇康，就是如此。這是因爲他們生於亂世，不得已，才有這樣的行爲，並非他們的本態。但又於此可見魏晉的破壞禮教者，實在是相信禮教到固執之極的。[註16]

毀仁棄義、離經叛道，不過是嵇康一種驚世駭俗的姿態，必須深入這種姿態去探索他的本意，才能洞察他對虛偽矯飾之現實名教的痛心疾首，和對眞實自然之理想名教的堅持不渝。

第二節　嵇康的自然義

　　秦漢時期宇宙論的一般通則，是將氣置於天地人的整體系統中來論述，並提出元氣即氣之始的說法。元氣進一步分化爲陰氣與陽氣，二氣性質相異而相待，且能在彼此互動中感應合和。陰陽二氣動態中和、相輔相成，以此作爲宇宙論的核心概念，據以解釋整體天地萬物如何得以和諧發展。在西漢《淮南子‧天文訓》中，將宇宙發生的歷程分爲數個階段：虛霩→宇宙→氣→天地。後來東漢的緯學興起，於是有太易、太初、太始、太素的宇宙發生

〔註15〕　參閱莊萬壽著，《嵇康研究及年譜》，頁 64。

〔註16〕　魯迅著，〈魏晉風度及文章與藥及酒之關係〉，《而已集》，（臺北市：風雲時代出版社，民國 78 年初版），頁 138～139。

論及構成論的系統出現。例如：《易緯乾鑿度》云：

> 夫有形生於無形，乾坤安從生？故曰有太易、有太初、有太始、有
> 太素也。太易者，未見氣也。太初者，氣之始也。太始者，形之始
> 也。太素者，質之始也。炁、形、質具而未離，故曰渾淪。〔註17〕

這段話的意義雖然有不同的解釋，但它在宇宙發生論的複雜程度上已經超過
了《淮南子》的〈天文訓〉。據王葆玹的研究：

> 應該指出，這種說法絕非《乾鑿度》的一家之言，亦非緯書的獨特
> 涵義，而是西漢後期各家各派的通說，如與讖緯無關的揚雄也提到
> 「太易之始，太初之先」，就是證明。〔註18〕

此一通說的要旨在於，氣或元氣乃是構成自然萬物、或一切生命的原質和內
在動因。這種說法不僅從西漢延伸到東漢，直至魏晉仍殘留相當的影響力。
只是玄學家改變秦漢以來的道德二元論，建構以道為本，德為末的思想體系，
從而樹立了名教的觀念。在自然觀方面，玄學家不滿以往宇宙論的複雜系統，
否定宇宙發生的說法。於是，就在簡化宇宙構成論的過程中，逐漸轉向抽象
思辨，開創了玄學的本體論，何晏、王弼所代表的正始玄學即具有這種典型
的意義。

觀察嵇康的著作，關於宇宙發生說及宇宙構成論也不是其中主要的論
題，不過仍可見到零散的言論。從這些有限的，涉及宇宙論的文字，顯示他
仍然承襲秦漢氣化宇宙論的部分遺緒。例如他說：

> 夫元氣陶鍊，眾生稟焉。賦受多少，故才性有昏明。【〈明膽論〉】

> 浩浩太素，陽曜陰凝；二儀陶化，人倫肇興。【〈太師箴〉】

> 天地合德，萬物資生，寒暑代往，五行以成。章為五色，發為五音。
> 【〈聲無哀樂論〉】

嵇康雖然提及解釋宇宙發生論的「元氣」、「太素」、「天地」，但並未分別澄清
這三個概念的內涵和關係，不過透過秦漢宇宙論的觀念，仍可大略探知其意。
依《乾鑿度》所述宇宙起源生成的歷程為：太易──太初──太始──太素。
「太初」意謂氣之始；「太素」意謂質之始。此外，〈白虎通〉亦云：「始起之

〔註17〕 嚴靈峰編輯，《易緯乾鑿度》，《無求備齋易經集成》，（臺北市：成文出版社有
　　　　限公司，民國65年臺1版），第157冊，卷上，頁10。

〔註18〕 王葆玹著，《玄學通論》，（臺北市：五南圖書出版有限公司，民國85年4月
　　　　初版1刷），頁392。

天，先有太初，後有太始，形兆既成，名曰太素。」綜觀漢代這兩種甚具影響力的典籍，可以推知嵇康所說的「元氣」比「太素」更爲根本。〔註19〕「太素」由元氣發展出來，作爲形構萬物的原初質料。「太素」進一步分化爲陰陽以形成萬物的存在與變化。「二儀陶化」指陰陽、乾坤對萬物的陶冶變化。「天地合德，萬物資生」則承自《易》的宇宙觀。〔註20〕至於「寒暑代往，五行以成」，認爲寒暑的更替，萬物的衍生，皆可溯源於陰陽二氣的變化，與五行五氣交互的感應合和而成。這種說法顯然沿襲漢代陰陽五行之宇宙論的觀點。〔註21〕再觀〈聲無哀樂論〉所說，由陰陽五行化生而來的「五音」，其形上體性乃秉賦著宇宙根本的「道」之「和」、「太和」、「至和」、「平和」；這種觀念亦與秦漢以來氣化宇宙觀的「中和」之說極爲契合。進一步探討，和聲之所以能有弘大廣袤的感物動人的作用，也正由於自然的和理本爲天地萬物所共具；天地萬物本爲太和一體，所謂與人和、與天和，人物彼此都可以經由和理而相互感通。嵇康就是基於此一理念而描述他的理想境界，他說：

> 和心足于內，和氣見于外，故歌以敘志，儛以宣情，然後文之以采
> 章，照之以風雅，播之以八音，感之以太和。導其神氣，養而就之；
> 迎其情性，致而明之。使心與理相順，氣與聲相應，合乎會通，以
> 濟其美。【〈聲無哀樂論〉】

然而，除了承襲的部分，嵇康對於傳統氣化宇宙論也作了革新的演繹。漢代的陰陽五行思想，在董仲舒天人感應說的神秘渲染下，流於吉凶祥瑞的迷信色彩；嵇康則予以過濾、抽象成爲純粹的自然宇宙論，認爲自然界的變化皆有其合乎規律的原因可以解釋，並無任何怪力亂神的作用施加其中。例如在〈聲無哀樂論〉中，嵇康就駁斥「師曠吹律，知南風不競，楚師必敗」的傳說，指出實際的原因是「陰陽激憤，然後成風，氣之相感，觸地而發」。風的

〔註19〕 參閱曾春海著，《竹林玄學的典範──嵇康》，頁53。

〔註20〕 《易·繫辭下》云：「乾，陽物也；坤，陰物也。陰陽合德，而剛柔有體，以體天地之撰。」又，坤卦象曰：「至哉坤元，萬物資生。」見樓宇烈校釋，《老子周易王弼注校釋》，頁564～565、226。

〔註21〕 曾春海云：「蓋黃河中流的中原氣候屬東北季風型氣候，其特徵是東春氣溫，南夏氣熱，西秋氣涼，北冬氣寒，與『木』之滋生，『火』之炎熱，『金』之肅殺及『水』之寒冷有擬似處。漢人於是把四時、五方位、五行及五行序數相配，『五』的紀數，『五行』的屬性範疇，成爲漢人用以普遍解釋宇宙萬物之質性、結構、運行規律和功能作用的理論範式。」見其所著，《竹林玄學的典範──嵇康》，頁53。

產生乃「陰陽激憤」的物理作用，純屬依自然原理所形成的現象，並不是由什麼神秘的意志力所控制。〈養生論〉也說：「至物微妙，可以理知，難以目識。」可見就他來看，整個宇宙萬物的存在和變化，皆屬理性思維可以認知和解釋的自然世界。

其次，從語詞的意涵考察，「自然」一詞在嵇康的著作中總計出現超過四十次。〔註22〕大致上可以分成兩種用法，第一種是天然或性命自然義，例如：

> 心戚者則形爲之動，情悲者聲爲之哀，此自然相應，不可得逃。【〈聲無哀樂論〉】

> 夫五色有好醜，五聲有善惡，此物之自然也。【同上】

> 似特受異氣，稟之自然，非積學所能致也。【〈養生論〉】

第二種是老莊思想中的自然義，指自然之道或契合自然之道的境界。嵇康在其詩作中所說的自然，大多屬於此類用法，例如：

> 至人遠鑒，歸之自然。萬物爲一，四海同宅。【〈兄秀才公穆入軍贈詩第十九首〉】

> 沖靜得自然，榮華安足爲？【〈述志詩〉第一首】

> 飄飄戲玄圃，黃老路相逢。授我自然道，曠若發童蒙。【〈遊仙詩〉】

另外在嵇康其他論文中也有相同的用法，例如：

> 故順天和以自然，以道德爲師友，玩陰陽之變化，樂長生之永久，任自然以托身，並天地而不朽者，孰享之哉？【〈答難養生論〉】

> 然無措之所以有是，以志無所尚，心無所欲，達乎大道之情，動以自然，則無道以至非也。【〈釋私論〉】

綜合而論，第一種天然義或性命自然義是普通的用法；第二種自然義則是老莊思想的基本用法，包含了工夫論上的境界義，以及在無執無爲的心境觀照下所說的天地太朴無爲之境。嵇康對上述自然的意涵，通常是混用而未加以明確區別，以致產生某種歧義及滑轉的現象。〔註23〕不過整體而言，雖然嵇

〔註22〕 參閱岑溢成著，〈嵇康的思維方式與魏晉玄學〉，《鵝湖學誌》，第 9 期，1992年 12 月出版，頁 31。

〔註23〕 謝大寧針對〈釋私論〉所說「顯情無措，不論於是而後爲也」之句意，認爲「不論於是而後爲」應是指不執著於任何固定的價值標準，和顯不顯情沒有必然的關係；因爲不執著和執著這兩個概念並不是一組「對偶」（Duality），而不執著乃是指對執著的超越。所以嵇康在此處明顯有了滑轉，這個滑轉使

康使用自然這個語詞，並沒有對它的內容有正面而直接的討論及界定；但其自然觀的旨趣和內涵，仍可看出主要是以道家思想爲依歸。而自然觀既是嵇康「越名教而任自然」的基礎，則這個主張亦可視爲老莊思想，特別是莊子哲學在魏晉時期的一種新的表述方式。〔註24〕嵇康〈與山巨源絕交書〉說：「老子、莊周，吾之師也，親居賤職。……所謂達則兼善而不渝；窮則自得而無悶也。以此觀之，故堯舜之君世，許由之巖棲，子房之佐漢，接輿之行歌，其揆一也。」〈幽憤詩〉亦云：「爰及冠帶，馮寵自放。抗心希古，任其所尚，托好老莊，賤物貴身，志在守樸，養素全眞。」可見他處亂世而思隱遯高蹈之心。既不願被政客集團的禮法所束縛，也無力於改革現實以兼善天下；於是順著愛好自然，嚮往自適自在的個性，將生命安頓於得意忘俗、自得無悶的老莊思想。嵇康所倡順任眞實性情的自然觀，其實也是道家生命精神的展現。

此外，嵇康更在〈釋私論〉中，賦予「君子」以莊學的新意涵。原爲儒家名義的君子，他通過氣靜神虛的工夫來詮釋其內涵，認爲內心不矜尚於是非好惡，亦不陷溺於情欲牽繫的體亮心達者，即爲賢人君子。這種「心無措乎是非，而行不違乎道」的君子新義，即是擇取《莊子・逍遙遊》中「至人無己，神人無功，聖人無名」的旨趣。〔註25〕人們囿限於自身的知識、經驗與環境，常常固執己見地區分是非和善惡，處心積慮計較個人的利害得失。社會上如果人人受制於我執的偏私，則容易落入彼此對立和紛爭，損人利己，各行其是，以致世間禍患連連，苦難不斷。爲了對治現實社會的弊病，嵇康從心境上的無措於是非著手，強調眞正的君子必須做到「矜尚不存乎心、情不繫乎所欲」；唯有去除內心的矜尚與私欲，任心、亦即任自然，才能從根本化解名教世界的各種衝突與亂象。因此他說：「君子之行賢也，不察于有度而後行也。任心無邪，不議于善而後正也。顯情無措，不論于是而後爲也。」【〈釋私論〉】

得嵇康所說的「自然」一詞在此文中顯然發生了歧義，這恐怕是嵇康不曾自覺到的。參閱其所著，《歷史的嵇康與玄學的嵇康——從玄學史看嵇康思想的兩個側面》，（臺北市：文史哲出版社，民國86年12月初版），頁14～15。

〔註24〕岑溢成則認爲嵇康的自然觀仍在老莊思想的籠罩下，在旨趣上和深度上並沒有創新之處。詳見其所著，〈嵇康的思維方式與魏晉玄學〉，頁32。

〔註25〕參閱曾春海著，《竹林玄學的典範——嵇康》，頁67。

　　若從〈明膽論〉所說「夫元氣陶鑠，眾生稟焉。賦受有多少，故才性有昏明」來看，嵇康「任自然」固然涵有順任個人才性天賦之義；但是在名教與自然對舉下而說的任自然，其旨意著重在順任顯情無措、無私無邪的虛靜道心。此道心乃是源於天地自然之道，與道渾然同體，無主客對立、是非分化，而好惡判然之心。嵇康進一步指出這種虛靜道心的境界：

> 清虛靜泰，少思寡欲。知名位之傷德，故忽而不營，非欲而彊禁也。
> 識厚味之害性，故棄而弗顧，非貪而後抑也。外物以累心不存，神
> 氣以醇白獨著；曠然無憂患，寂然無思慮。【〈養生論〉】

> 若以大和為至樂，則榮華不足顧也；以恬澹為至味，則酒色不足欽
> 也。苟得意有地，俗之所樂，皆糞土耳，何足戀哉？【〈答難養生
> 論〉】

由於恬靜、和諧而意足，既無措無求於世俗禮法所肯定的榮華富貴，則能「修性以保神，安心以全身。愛憎不棲于情，憂患不留于意。泊然無感，而體氣平和」。【〈養生論〉】

　　總而言之，儘管嵇康詮釋自然，仍殘存著秦漢以來氣化宇宙論的影響；但是其自然觀的核心意涵，主要側重在人性層面的無私無措和真實自然。嵇康這種自然觀，突顯在艱險危難的時代困境下，對心靈的自在自適與精神境界的深切追求。對嵇康來說，名教與自然二者之間的辯證緊張關係，在當時的政治局勢中已達到迸裂的臨界點，實然的名教弊病與應然的名教規範之間的鴻溝，已經無法彌合。因此，與其認為嵇康所代表的竹林玄學反叛了綱常禮法，毋寧說他內心所信奉的名教已經變成一種理想的象徵。當現實已沉入荒謬、虛偽深淵之下，這個名教的理想變得遙不可及，唯有在他所神往的遠古社會，或是內在心性的自然本源處，才能找到安棲之所。是以，越名教而「任自然」的主要意義，不僅在於展現他對現實世界的批判立場，同時也蘊涵他依據自然的理想，所闡揚的一種釋私去偽、真情至性的生命境界。因此，嵇康說「順天和以自然」、「任自然以託身」，【〈答難養生論〉】顯示他一方面企慕天地萬物的自然和諧之道，另一方面也追求順任自然，與道相契的精神生活。

第三節　郭象的名教觀

《郭象注莊・天下》云：

> 昔吾未覽《莊子》，嘗聞論者爭夫尺捶連環之意，而皆云莊生之言，
> 遂以莊生爲辯者之流。案此篇較評諸子，至於此章，則曰其道舛駁，
> 其言不中，乃知道聽塗說之傷實也。吾意亦謂無經國體致，眞所謂
> 無用之談也。

郭象認爲《莊子》是「涉俗蓋世之談」【《郭象注莊・大宗師》】，而且「亦謂
無經國體致，眞所謂無用之談」。經國涉世則必然要面對名教問題，治理人民
必須設立制度規範以作爲引導，否則各人恣意放縱，社會將紊亂無序。因此，
從現實的安定著眼，名教存在的功能和價值是必須肯定的。而且，郭象更強
調名教本是人的情性，仁義落實於人倫的關係中，如君臣、父子、兄弟、長
幼、男女、夫婦等尊卑先後的秩序，繫屬人類社會所不可缺少者，這是根據
天地的「至理」而來。他說：

> 此先後雖是人事，然皆在至理中來，非聖人之所作也。……明夫尊
> 卑先後之序，固有物之所不能無也。【《郭象注莊・天道》】

天尊地卑，春夏秋冬四時的先後秩序，乃是自然的規律，就如同人間的倫常
秩序。郭象在此說明倫常是至理之必然，聖人只是依據此天道至理，以明訂
人事尊卑先後的關係。既生而爲人，則當謹守倫常禮義，這也是順應天命。
他說：

> 人之生也，可不服牛乘馬乎？服牛乘馬，可不穿落之乎？牛馬不辭
> 穿落者，天命之固當也。苟當乎天命，則雖寄之人事，而本在乎天
> 也。【《郭象注莊・秋水》】

郭象仍視名教爲君主統治的必要之具，所以百姓不能自外於倫常禮義的規
範，必須安於君尊臣卑，君爲主而民爲從的倫常制度中，此亦屬當乎天命而
不可易者。但是仁義禮法等名教之屬，當其時移世異，也需要應時而調整改
變，否則將趨於僵化不符實際；名教作爲應用於現實的治理之具，必須要求
合乎時宜。是以郭象說：

> 俗之所貴，有時而賤；物之所大，世或小之。故順物之迹，不得不
> 殊，斯五帝三王之所不同也。【同上】

> 夫仁義者，人之性也。人性有變，古今不同也。故游寄而過去則
> 冥，若滯而係於一方則見。見則僞生，僞生而責多矣。【《郭象注

莊・天運》】

五帝三王之所以不得不殊的原因，乃是基於人性有變；而這裡所謂人性，是指人的習性，習性可以隨時更改。所以，雖然郭象也說仁義是人之情性，但他所指的是外在化的禮義。〔註26〕然則，禮義既只是外在治化的用迹，原就應該遊寄於當時，且隨順其過時而廢棄，不執不滯，冥於當下。如果固執拘泥於用迹而不能冥，將導致虛偽滋生。因此，名教之用貴在適合時宜，若過時而不革替，反而引起弊害。郭象說：

> 廢棄之物，於時無用，則更致他妖也。……此皆絕聖棄知之意耳，無所稍嫌也。夫先王典禮，所以適時用也。時過而不棄，即為民妖，所以興矯效之端地。【《郭象注莊・天運》】

> 時移世異，禮亦宜變，故因物而無所係焉，斯不勞而有功也。……期於合時宜，應治體而已。【同上】

> 彼以為美而此或以為惡，故當應時而變，然後皆適也。……況夫禮義，當其時而用之，則西施也；時過而不棄，則醜人也。【同上】

禮義作為君王治理之具，貴在適時而用，其斟酌損益的根據在於是否切合現實的功用。禮義既非內在的心性，因此只求外用，未必合於人情，如果過時仍舊不廢除更替，固執之以為用，這種流於形式化的名教將衍生妖妄虛矯。這就是郭象名教的時用觀。然而，名教的流弊並不止於此，名教自身所產生的異化現象會使名教危機重重，依照郭象的看法，這種價值異化的現象是名教社會必然的趨勢，無可避免。他說：

> 夫道以不貴，故能存世。然世存則貴之，貴之，道斯喪矣。道不能使世不貴，而世亦不能不貴於道，故交相喪也。若不貴，乃交相興也。【《郭象注莊・繕性》】

> 不能大齊萬物而人人自別，斯人自為種也。承百代之流而會乎當今之變，其弊至於斯者，非禹也，故曰天下耳。言聖知之迹非亂天下，而天下必有斯亂。……此乃百代之弊。【《郭象注莊・天運》】

價值的存在本有正面意義，然而最後卻走向負面，以至於造成對自身價值的

〔註26〕 郭象這裡所說仁義是人性，此「性」的意涵與孟子所說的不同。因為在郭象的著作中，並沒有內在道德性的仁義概念，而孟子所說的人性是古今異地皆同，不論千載上下、東西南北，是有定常性的。參閱莊耀郎著，《郭象玄學》，（臺北市：里仁書局，民國91年8月第一次修訂二刷），頁219。

否定。因爲，世人只知其迹而不知其所以迹，聖人能用所以迹治天下，順任萬物；但世人才智不及聖人，徒然固執聖人之迹而無聖人之實，經過百代流衍遭逢時變，名教於是出現弊端。這是歷史的現實，也是勢所必至。他又說：

> 夫與物無傷者，非爲仁也，而仁迹行焉；令萬理皆當者，非爲義也，而義功見焉；故當而無傷者，非仁義之招也。然而天下奔馳，棄我徇彼以失其常然。故亂心不由於醜而恆在美色，撓世不由於惡而恆由仁義，則仁義者，撓天下之具也。【《郭象注莊·駢拇》】

人心生起執著的關鍵，在於價值分別的意識，譬如有美醜的分別，人心就落在美的無窮追逐之中，所以擾亂人心的通常由於美，而不是由於醜。仁義也是如此，因爲行仁義而殉仁義，喪失生命的眞實自然，結果造成仁義的否定。仁義並非沒有正面的價值，但此正面價值的肯定，在實踐過程中勢必朝著反面走向自身價值的否定，這是人心的扭曲使然，故郭象說「仁義既行，將僞以爲之」，「仁義可見，則夫貪者將假斯器以獲其志」。【《郭象注莊·徐無鬼》】

　　以上是郭象對名教的異化現象，以及在實踐過程中所導致的流弊之論述；而這些論述，是在肯定名教存在的價值，維護名教眞實性的基礎上所提出的。依郭象之見，名教的產生，是由於聖人無爲的治化之迹。聖人迹冥圓融，即迹即冥，「所過者化，所存者神」，能夠因時損益，而不會執著先聖先王的陳迹。所以仁義典制的性質貴在適時適用，如果過時不棄則生妖妄，這是名教的弊端之一。再者，名教既相應於聖王的治化而有，聖王雖無心爲治，卻不能禁止天下人心的有爲和執著；有爲和執著則喪失名教的眞實內涵，以致造成名教的異化，這是事理必至的趨勢。世人既拘執聖人治化之迹，遂陷落於無窮追逐之中，終致對名教的否定。那麼，究竟如何才能維護名教的眞實性，保住名教的正面價值而不使之異化呢？郭象認爲應當回歸於冥，遊寄過去而不滯不繫，涉乎無名之域；忘仁忘義，達於自然之境，方可保全名教的眞正內涵。換言之，要能通達於所以迹，才能保得住迹。

　　對郭象而言，唯有遊外經內，天人冥合的聖人，才能達到迹與所以迹合一，迹冥圓融無礙。這種迹出自所以迹，名教源於自然的觀點承自王弼。例如郭象說：

> 夫知禮意者，必遊外以經內，守母以存子，稱情而直往也。若乃矜乎名聲，牽乎形制，則孝不任誠，慈不任實，父子兄弟，懷情相欺，豈禮之大義哉！【《郭象注莊·大宗師》】

名教社會外在禮法規範的本意，必須以內在的無心冥物為基礎，無心才能順有，與物無對而稱情直往；否則「矜乎名聲，牽乎形制」，便失去自得自為的精神，慈孝缺乏內心的誠實，以至父子兄弟之間竟也虛偽矯飾、懷情相欺。在這裡，郭象顯然採取王弼「守母以存其子，崇本以舉其末，則形名俱有而邪不生，大美配天而華不作」的思想。【《老子注·三十八章》】郭象又說：

> 夫聖人者，天下之所尚也。若乃絕其所尚而守其素朴，棄其禁令而代以寡欲，此所以掊擊聖人而我素朴自全，縱舍盜賊而彼姦自息也。
> 故古人有言曰，閑邪存誠，不在善察；息淫去華，不在嚴刑，此之謂也。【《郭象注莊·胠篋》】

他在此進一步發揮王弼崇本息末、閑邪存誠的理論。王弼說：「故仁德之厚，非用仁之所能也；行義之正，非用義之所成也；禮敬之清，非用禮之所濟也。載之以道，統之以母，故顯之而無所尚，彰之而無所競。」【《老子注·三十八章》】而郭象言「掊擊聖人而我素朴自全，縱舍盜賊而彼姦自息」，同樣表現了道家絕聖棄智的立場。不過，郭象乃是以遊外經內、無心順有、與物相冥的方式重新詮釋王弼母子、本末的體用關係，這種「內外」的說法充分表現在名教世界的「迹」，與自然玄冥的「所以迹」之認識上面。郭象說：

> 仁者，兼愛之迹；義者，成物之功。愛之非仁，仁迹行焉；成之非義，義功見焉。存夫仁義，不足以知愛利之由無心，故忘之可也。
> 但忘功迹，故猶未玄達也。【《郭象注莊·大宗師》】

名教社會的禮律法度，原出自無心玄應的設施，由於人們執著仁迹義功，仁義遂轉變為外在的名聲和形制。仁迹義功是末，兼愛成物的無心才是本；末即是迹，而且往往虛偽失真，異化成殘生害性之具。郭象說：

> 愛民之迹，為民所尚。尚之為愛，愛已偏也。……為義則名彰，名彰則競興，競興則喪其真矣。父子君臣，懷情相欺，雖欲偃兵，其可得乎！【《郭象注莊·徐無鬼》】

這裡指出逐迹競名的弊病，名教原是聖人愛民之用迹，然而世人不能如聖人無為而為之，「尚之為愛」，於是興起為名爭競之心，喪失其真實的內涵。聖人無心玄應的仁義，由於顯現實際的事功，成為外在的「迹」，進而為民所崇尚，以致務求虛名，囿於形表，淪為懷情相欺。這無異於王弼所說「舍本以逐末」。【《老子注·五十二章》】郭象說：

> 所以迹者，真性也。夫任物之真性者，其迹則六經也。……況今之

人事，則以自然爲履，六經爲迹。【《郭象注莊・天運》】

名教社會的六經典籍，都只是古人的陳舊粗糙之「迹」，與「所以迹」的自然
眞性相比，不過是徒具其貌的形表而已。而且，不僅六經是迹，即使兼愛成
物的聖人也是迹。郭象說：

> 聖人者，民得性之迹耳，非所以迹也。此云及至聖人，猶云及至其
> 迹也。夫聖迹既彰，則仁義不眞而禮樂離性，徒得形表而已矣。有
> 聖人即有斯弊，吾若是何哉！……凡此皆變樸爲華，棄本崇末，於
> 其天素，有殘廢矣，世雖貴之，非其貴也。【《郭象注莊・馬蹄》】

> 法聖人者，法其迹耳。夫迹者，已去之物，非應變之具也，奚足尚
> 而執之哉！執成迹以御乎無方，無方至而迹滯矣，所以守國而爲人
> 守之也。【《郭象注莊・胠篋》】

郭象藉由王弼本末母子的觀念，以「變樸爲華，棄本崇末」說明從「所以迹」
轉變爲「迹」的過程。聖人遊外以冥內，無心玄應而能會通萬物，使百姓皆
得其性；但這只是使萬物百姓得其性之「迹」，聖人無心順有的自然眞性才是
「所以迹」。聖人只不過是「物得性之名耳，未足以名其所以得也」，【《郭象
注莊・逍遙遊》】但百姓崇尚聖人彰顯的名聲形表，效法其「迹」，卻不知名
聲形表的本原之「所以迹」。禮法制度，就在現實社會這種注重形表，仿傚事
蹟的愛尚之心下，異化變質而失去眞實內涵，於是稱情直往的無爲之心，淪
爲計較榮利毀譽的執著，仁義禮樂也就成爲離性外在之物，也就不再具有適
時應變的功用。質言之，郭象說「自然爲履，六經爲迹」，即在強調唯有遊外
冥內，心靈不爲名教之「迹」所拘，不爲世事所累，不「矜乎名聲，牽乎形
制」，【《郭象注莊・大宗師》】才能把握住仁義禮樂「所以迹」的眞實根源。

第四節　郭象的自然義

王叔岷爲郭象《莊子注》作校記，他經由周詳縝密的考察，提出一個頗
值得重視的看法：

> 郭之注莊，……〈序〉中：「上知造物無物，下知有物之自造」二語，
> 實爲全書綱領。如〈齊物論篇注〉：「物各自生而無所出焉」，「造物
> 者無物，而物各自造」；〈在宥篇注〉：「生物者無物而物各自生耳」；
> 〈知北遊篇注〉：「誰得先物者乎哉？吾以自然爲先之，而自然即物

之自爾耳」;〈庚桑楚篇注〉:「死生出入皆欻然自爾,未有為之者也」。

厥例甚多,皆本此義而發。此治郭《注》所當致意者也。〔註27〕

郭象〈莊子序〉所云:「上知造物無物,下知有物之自造。」的確是《郭象注莊》全書的綱領。「造物無物」及「有物之自造」,其實正是郭象自生說的重要主張,代表其本體宇宙論方面的基本觀點。〈莊子序〉另外還有「神器獨化於玄冥之境」的說法,「冥」與「玄冥」則是郭象工夫論的重要觀念。裴頠作〈崇有論〉,旨在廓清當時人們對於「無」的執著;郭象注意到此一問題,但處理的方法不同。他在本體論方面雖不以「無」作為萬物之本,可是在工夫論方面則仍然肯定「無心」、「無為」的重要性,只是改以「冥」來指稱這種「無」的工夫。而工夫所至,與道相契的境界,即稱為「玄冥之境」。

吾人如欲探討郭象的自然觀,就必須深入瞭解他的自生說、玄冥論與逍遙義等重要思想;從其中也可以看出郭象在繼承道家傳統,以及因應時代課題上所展現的獨到睿識。「自生」、「玄冥」與「逍遙」雖非他首創,但他賦予新義。從老、莊至向秀,不曾有人像他這樣以此為核心,發展出一套自成體系的本體宇宙論及工夫論,以下即詳論之。

一、自生與自然

自先秦以來,「自生」大致有二義,其一見於《老子》,例如:

> 天長地久。天地所以能長且久者,以其不自生,故能長生。【《老子·七章》】

王弼注云:「自生則與物爭,不自生則物歸也。」此處的「自」作動詞用,「生」是名詞。「自生」意謂「自其生」、「私其生」,即以生為己之所有,因此不免有私念和企求。「自生」的另一意義見於《莊子》,例如:

> 萬物云云,各復其根,各復其根而不知;渾渾沌沌,終身不離;若彼知之,乃是離之。無問其名,無闚其情,物固自生。【《莊子·在宥》】

郭象注云:「闚問則失其自生也。」成玄英疏云:「道離名言,理絕情慮。若以名問道,以情闚理,不亦遠哉!能遺情忘名,任于獨化,物得生理也。」〔註28〕

〔註27〕 王叔岷著,《郭象莊子注校記》,(臺北市:中央研究院歷史語言研究所,民國82年景印一版),〈序〉,頁1～2。

〔註28〕 郭慶藩輯,《莊子集釋》,頁392。

此處的「自」作副詞用,「生」是動詞。「自生」意謂「自然而生」。在道家思想中,「自生」與「自化」意涵相近。例如:

> 道常無為而無不為,侯王若能守之,萬物將自化。化而欲作,吾將鎮之以無名之樸。【《老子‧三十七章》】

> 物之生也,若驟若馳,無動而不變,無時而不移。何為乎?何不為乎?夫固將自化。【《莊子‧秋水》】

據此可知,萬物自然而生,自然而化,是老莊共有的觀點。這種意義的「自生」、「自化」,與「自然」有密切的關係。老莊據「自然」說「道」,也據「自然」說萬物。例如:「道法自然。」【《老子‧二十五章》】「道常無為而無不為。」【《老子‧三十七章》】「汝遊心於淡,合氣於漠,順物自然,而無容私焉,而天下治矣。」【《莊子‧應帝王》】「夫水之於汋也,無為而才自然矣。」【《莊子‧田子方》】由這些引文可知,「無為」是老莊所謂「自然」的主要意涵。而老莊所謂自生自化,兼具本體宇宙論與工夫論的意涵。就本體宇宙論而言,萬物自生自化,即萬物自然生化,而且以自然為其體性,自然即道,即無為。因此萬物「自生」,與「道」生萬物是一致的。若從「無為」進一步說「無」,則萬物「自生」,也與萬物以無為本的說法相通。〔註29〕就工夫論而言,萬物自生自化,人當虛靜無為而因順自然的生化。則自生自化是虛靜無為之所以可能,所以必要的基礎。魏晉玄學家,如王弼、向秀及郭象等人,所說的「自生」與「自然」,大致上都不違老莊本意。

關於郭象所說的「自然」,並非現今因果規律意義下的自然界及其律則。在因果原則下的自然,實為機械式的不得不然,是有待而然、「他然」,而非「自然」。這是郭象的自然義與王弼相通的部分。王弼說:「自然者,無稱之言,窮極之辭。」【《老子注‧二十五章》】道法自然而萬物莫不由之以成,以自然表示道的運行是自己如此,並沒有更高一層的原因使然。所以,自然有自己而然的自由義,也有不知其所以然和不可究問之意。道法自然乃是自己如此,才能作為萬物存在的形而上的最高依據。王弼又說:

> 不塞其原,則物自生,何功之有?不禁其性,則物自濟,何為之恃?

〔註29〕 是以,老子既以為物之生化是「莫之命而常自然」,【《老子‧五十一章》】同時也說:「道生一,一生二,二生三,三生萬物。」【《老子‧四十二章》】「天下萬物生於有,有生於無。」【《老子‧四十章》】此皆屬以無為本的宇宙論觀點。參閱戴璉璋著,《玄智、玄理與文化發展》,頁256。

物自長足，不吾宰成，有德無主，非玄而何？【《老子注・二十五章》】

居中得正，極於地質。任其自然，而物自生；不假修營，而功自成，故不習焉，而無不利。〔註30〕

王弼的自然與自生義，主要都是繼承老、莊的觀點。而郭象所言自然，則是將王弼所說自己如此的自然，落實於當下自足自有的萬物之上。自然即是物物自爾如此，並無使之然者。郭象說：

天地者，萬物之總名也。天地以萬物為體，而萬物必以自然為正，自然者，不為而自然者也。故大鵬之能高，斥鴳之能下，椿木之能長，朝菌之能短，凡此皆自然之所能，非為之所能也。【《郭象注莊・逍遙遊》】

他認為自然是天地之間萬物「不為而自然」，如果離開萬物，無法另外再尋找一個更高主宰者。天地只不過是總括萬物的一個名稱而已，他這個看法也和王弼相近。郭象說：

夫天籟者，豈復別有一物哉？即眾竅比竹之屬，接乎有生之類，會而共成一天耳。無既無矣，則不能生有；有之未生，又不能為生。然則生生者誰哉？塊然而自生耳。自生耳，非我生也。我既不能生物，物亦不能生我，則我自然矣。自己而然，則謂之天然。天然耳，非為也，故以天言之。以天言之，所以明其自然也，豈蒼蒼之謂哉！而或者謂天籟役物使從己也。夫天且不能自有，況能有物哉！故天者，萬物之總名也，莫適為天，誰主役物乎？故物各自生而無所出焉，此天道也。【《郭象注莊・齊物論》】

物塊然而自生，即萬物自然而生。而所謂「天地」，只是匯聚萬物的一個共同名稱、指謂，是藉以說明萬物「自己而然」的一種限制性的概念。〔註31〕故云「以天言之，所以明其自然也」，「自然」、「天然」，即在於表示萬物「塊然自生」，並沒有一個生者作為其本原或主宰。物與物之間的關係是「我既不能生物，物亦不能生我」，如此一來，物與物、物與我之間的主從隸屬及因果連繫關係都被取消、切斷，故云「物各自生而無所出」，則物物皆無所待，皆

〔註30〕王弼注《周易・坤卦》，見樓宇烈校釋，《老子周易王弼注校釋》，頁227。

〔註31〕戴璉璋認為：「所謂『自己而然』的自然義，關鍵落在『己』的意義上，由後文『天然耳，非為也』可以推知，這裡的『己』是就個體的天然稟賦而言。天賦不虧不雜，既純且素，郭象稱之為『自然之質』。」見其所著，《玄智、玄理與文化發展》，頁263。

是「自然」。由此可見，郭象的「自生」即「自然而生」，其實含有「無待」之意。郭象進一步說：

> 世或謂罔兩待景，景待形，形待造物者。請問：夫造物者，有耶無耶？無也？則胡能造物哉？有也？則不足以物眾形。故明眾形之自物而後始可與言造物耳。是以涉有物之域，雖復罔兩，未有不獨化於玄冥者也。故造物者無主，而物各自造，物各自造而無所待焉，此天地之正也。故彼我相因，形景俱生，雖復玄合，而非待也。明斯理也，將使萬物各反所宗於體中而不待乎外，外無所謝而內無所矜，是以誘然皆生而不知所以生，同焉皆得而不知所以得也。今罔兩之因景，猶云俱生而非待也，則萬物雖聚而共成乎天，而皆歷然莫不獨見矣。故罔兩非景之所制，而景非形之所使，形非無之所化也，則化與不化，然與不然，從人之與由己，莫不自爾，吾安識其所以哉！故任而不助，則本末內外，暢然俱得，泯然無迹。若乃責此近因而忘其自爾，宗物於外，喪主於內，而愛尚生矣。雖欲推而齊之，然其所尚已存乎胸中，何夷之得有哉！【《郭象注莊・齊物論》】

他認為「涉有物之域，雖復罔兩，未有不獨化於玄冥者也」，藉由形影關係來說明萬物自然玄冥獨化，各各皆無所依待。郭象在這裡突破一般人所持「罔兩待景，景待形」，先後因果的常識之見；並且以「相因」、「俱生」的彼此無待的觀念，建構一種萬物共成於天的玄合關係。換言之，萬物既是「莫不自爾」，「獨化於玄冥之境」，而物與物之間又是「誘然皆生」、「同焉皆得」，共處於自然和諧的關係中。郭象這種觀點，破除了現實世界萬物之間機械式的因果制約關係，可以使萬物「各反所宗於體中而不待乎外，外無所謝而內無所矜」，都獲得無待而自足的存在地位。

郭象主張天地之間萬物塊然自生，造物無物，且物物皆無所依待，這樣的「自生說」正面地衝擊到當時盛行的造物主宰及無中生有的觀念。例如他說：

> 窈冥昏默，皆了無也。夫莊老之所以屢稱無者，何哉？明生物者無物而物自生耳。自生耳，非為生也，又何有為於巳生乎！【《郭象注莊・在宥》】

> 夫無不能生物，而云物得以生，乃所以明物生之自得，任其自得，斯可謂德也。【《郭象注莊・天地》】

此所以明有之不能爲有而自有耳，非謂無能爲有也。若無能爲有，

何謂無乎！【《郭象注莊・庚桑楚》】

「自然」既是「涉有物之域」的物各自造，物各自生而造物無物，因此，不能以「無」來承擔生物造物之名。郭象認爲老、莊經常提及的「無」，只在說明「生物者無物而物自生」的意旨，因爲「無既無矣，則不能生有；有之未生，又不能爲生」。【《郭象注莊・齊物論》】於此，他清楚地否認「無能生有」的宇宙發生論。

郭象所謂無不能生有，如同裴頠〈崇有論〉一樣，將「無」解釋爲「虛無」，即空無所有之意。裴頠說

夫至無者無以能生，故始生者自生也。自生而必體有，則有遺而生

虧矣。生以有爲己分，則虛無是有之所謂遺者也。〔註32〕

他要推翻天地萬物以無爲本的主張，將「無」說成「有之所謂遺者」，即「虛無」、「非有」（non-being）之意。這是剋就物類的存在說「有」，而各類具體物的存在又是「偏無自足」，必須「憑乎外資」。所謂「外資」仍然還是「有」，因爲「濟有者皆有也」。是以，由「體有」來了解「自生」，意謂各類具體物在其所需條件具備的情況下，自然生成。可見〈崇有論〉的「自生」，是一種常識經驗的，實在論的主張。〔註33〕裴頠雖然反對「無能生有」的說法，卻無意進一步探究萬物眾有的形上本質爲何。郭象和裴頠的區別在於前者雖然取消在萬物之上的獨立本體，但進一步賦予現實個物自造自足的形上學地位。〔註34〕他這種觀點破除物物之間的依待關係，萬物相因俱生而玄合。質言之，郭象的「自生」，破除常識經驗中因果依待的限制；而裴頠的「自生」，則堅持「濟有者皆有」的「崇有」立場，物物之間仍然需要各個品類「資有攸合」的特定條件作爲憑藉，方能相輔相成。

裴頠認爲「始生者，自生也」，否決萬物眾有的形上本體；郭象的自生說則賦予現實世界中每一存在個物，自爾無待的本體地位。所謂「自生」，也就

〔註32〕 《晉書・裴秀傳附頠傳》。楊家駱主編，房玄齡等著，《新校本晉書并附編六種》，第 2 冊，卷三十五，頁 1046。

〔註33〕 雖然郭象言論中有些說法和裴頠類似，但未可據以斷定他的思想也是一種「崇有」的論調。參閱戴璉璋著，《玄智、玄理與文化發展》，頁 260～261。

〔註34〕 由於裴頠固守著「濟有者皆有」的經驗立場，以致其「自生說」成爲他拒絕「無能生有」理論的一個形上學的遁辭。參閱周大興著，《王弼玄學與魏晉名教觀念的演變》，頁 209。

是自然而生，不識其所以然之故。「自生」的「自」，是自然，自爾如此的意思，而不是落在因果條件系列中，由主從或自他關係所理解的「自己」。易言之，郭象說「自生耳，非為生也」，「自生」不是自己生自己之義，而是意味著萬物存在本然如此，無所從出的自然本真狀態。

　　然而，郭象的自生說如果作積極性的解釋，將會與龍樹《中論》「諸法不自生」的「無生」說正面遭遇，並且有破解的問題。因為無既無矣，故無不能生有，而「有之未生，又不能為生」；實則郭象自生說的重點在於「明物生之自然」，並不是當作一個客觀問題來論證。〔註 35〕道家和王弼的「有生於無」、「以無為本」及「貴無」，乃是在「無」與「有」的體用關係上立論；「無」指的是無形無名的萬物宗主之道，而不是指一種有形可徵的實體。郭象不同於老、莊與王弼，他純粹由「無既無矣」的空無所有之義來解釋「無」。例如他說：

> 誰得先物者乎哉？吾以陰陽為先物，而陰陽者即所謂物耳。誰又先陰陽者乎？吾以自然為先之，而自然即物之自爾耳。吾以至道為先之矣，而至道者乃至無也。既以無矣，又奚為先？然則先物者誰乎哉？而猶有物，無已，明物之自然，非有使然也。【《郭象注莊・知北遊》】

這裡郭象以「一無有則遂無矣」、「若無能為有，何謂無乎？」即「虛無」不能產生「有」的論點，來駁斥王弼的貴無論。就如陳榮灼所說，郭象似犯了「稻草人之攻擊的謬誤」的嫌疑：

> 總括而言，道家之「生」乃是「造化」之意，而「自生」則是「獨化」之意，兩者均不落在任何「因果模式」之中，更遑論會落入佛家所批評之「因果」中了！所以，無論郭象或王弼之「自生」義，

〔註 35〕郭象的「自生說」如果要積極的證立，則必須跳脫出現象界的因果概念範疇，轉而由本體界「自由的原因性」概念來理解。牟宗三在比較郭象的自然哲學與佛家及英國哲學家休謨等人的因果概念之差異後，進一步指出：「若依理性主義之立場，由經驗上之因果關係而至充足理由，由充足理由而至第一因，則自可予因果性概念以超越之根據。此是經由一超越分解而至者。但老、莊與向、郭之注，皆無此超越之分解。……但若經由一超越分解而建立因果性，再自主體上之玄同彼我而渾化之，平靜之，則自生自在之境界仍可說。」參閱其所著，《才性與玄理》，頁 199～201。郭象的自生所意謂的自化、自得的自然，也就是說明物各自爾如此的「自由原因性」。從這個角度來看，郭象解消了萬物形上之造物主宰，而賦予現實中每一個物各具形上本體的地位。

均不會與佛家因果相違背。……郭象提出「無不可生有」、「造物無主」的主張來批評王弼,雖或有犯了「稻草人之攻擊的謬誤」(Straw-man-attack fallacy)之嫌,但其「無本」、「無故」和「獨化」的論點,則不但一針見血地批判和修正了王弼之「尋本」立場的過失,而且正面地闡明道家義「自然」之本性;這一「破構性」(destructive)貢獻,無疑可奠定郭象作為整個魏晉玄學之完成者的地位。〔註36〕

郭象「自生說」的重要意涵,是企圖在「涉有物之域」的現實世界中,還給萬物「各反所宗於體中,而不待乎外」的無待與自足;如此則經驗層域的生與被生,先後依待的因果關係,皆被渾然解消於相因俱化的玄同觀照之中。在這裡,郭象排除吾人「聰明知慮」的涉入和追問,而以自然冥會的「無故」、「自爾」,作為形上智慧的最高境界。例如他說:

> 不運而自行也。不處而自止也。不爭所而自代謝也。皆自爾。無則無所能推,有則各自有事。然則無事而推行是者誰乎哉?各自行耳。自爾,故不可知也。二者俱不能相為,各自爾也。設問所以自爾之故。夫物事之近,或知其故,然尋其原以至乎極,則無故而自爾也。自爾則無所稍問其故也,但當順之。【《郭象注莊・天運》】

> 物之生也,非知生而生也,則生之行也,豈知行而行哉!故足不知所以行,目不知所以見,心不知所以知,俛然而自得矣。遲速之節,聰明之鑒,或能或否,皆非我也。而惑者因欲有其身而矜其能,所以逆其天機而傷其神器也。至人知天機之不可易也,故捐聰明,棄知慮,魄然忘其所為而任其自動,故萬物無動而不逍遙也。【《郭象注莊・秋水》】

郭象的「自生」,強調物物之間的緣故由來無須追問,重點在於絕聖棄智,讓萬物自得自在,任其自為,方能逍遙。他更進而以「相與於無相與」、「相為於無相為」,具體說明人類身體手足五臟的和諧融洽。他說:

> 夫體天地,冥變化者,雖手足異任,五藏殊官,未嘗相與而百節同和,斯相與於無相與也;未嘗相為而表裡俱濟,斯相為於無相為也。若乃役其心志以卹手足,運其股肱以營五藏,則相營愈篤而外內愈困矣。故以天下為一體者,無愛於其間也。【《郭象注莊・大宗師》】

〔註36〕陳榮灼著,〈王弼與郭象玄學想之異同〉,《東海學報》,33卷,1992年6月,頁133。

> 夫身者非汝所能有也，塊然而自有耳。身非汝所有，而況道哉！若
> 身是汝有者，則美惡死生，當制之由汝。今氣聚而生，汝不能禁也；
> 氣散而死，汝不能止也。明其委結而自成耳，非汝有也。【《郭象注
> 莊・知北遊》】

萬物的委結自成，遇會和諧，皆是不期然而然，其中既沒有人爲的措意，也沒有任何神意主宰。故云「尋責無極，而至於無待」。【《郭象注莊・齊物論》】準此而觀，郭象「自生說」所描述的自然而然，欻然自爾，可說是一種心靈透脫的觀照，一種「對純現象的純觀照主義」。〔註37〕如果以形上學語言來說，郭象的「自生」，視每一事物都是一絕對的獨立自足的、無條件的存在，亦即構造了「千千萬萬個自生自化的絕對」。〔註38〕所以郭象說：「非唯無不得化而爲有也，有亦不得化而爲無矣。是以夫有之爲物，雖千變萬化，而不得一爲無也。不得一爲無，故自古無未有之時而常存也。」【《郭象注莊・知北遊》】他認爲現實萬物的存在，既然作爲「有」，就不能是「無」；萬物雖然有生滅聚散各種變化，但這不能說成由無而有，由有而無。在此觀點下，萬物眾有皆成爲無所依待，無所掛搭的絕對存在，也不可能轉爲虛無。

　從郭象所處的魏晉時代看，何晏、王弼倡議的貴「無」思想被世俗所執著和誤解，形成一股虛無頹靡之風。繼裴頠的〈崇有論〉之後，郭象也深有同感，於是在本體宇宙論上去除掉「無」作爲萬物之本的意義，並且提出「自生」說來彰顯老、莊「道法自然」的眞諦。因此郭象說：

> 有無而未知無無也，則是非好惡猶未離懷。知無無矣，而猶未能無
> 知。【《郭象注莊・齊物論》】

> 夫莊老之所以屢稱無者，何哉？明生物者無物而物自生耳。自生耳，
> 非爲生也，又何有爲於己生乎！【《郭象注莊・在宥》】

〔註37〕唐君毅著，《中國哲學原論・原道篇》，卷二，（臺北市：臺灣學生書局，民國75年10月全集校訂版），頁388。這裡所謂「純觀照」、「空靈之境」，並不意謂郭象的自生說僅是一種「境界形態」的形上意境。心靈透脫的觀照是從認識論的角度說的，郭象「觀照」所得的內容，仍可以是一個客觀的，主張萬物自生自化的形上學；認識論上的主客關係，與形上學的主客關係乃是不同層次的問題。郭象的自生說，亦可如同老、莊的自生自化，兼具本體宇宙論與工夫論的意涵。

〔註38〕湯一介著，《郭象與魏晉玄學》，頁68～69。湯氏認爲，郭象以其唯心主義的立場，把「有」絕對化，因而「有」從某個意義上說，實際上成爲抽象的存在，而不是具體的存在物。

> 然莊子之所以屢稱無於初者，何哉？初者，未生而得生，得生之難，
> 而猶上不資於無，下不待於知，突然而自得此生矣，又何營生於己
> 生以失其自生哉！【《郭象注莊・天地》】

這裡透露出郭象自生說的主要用心所在，「自生耳，非爲生也」表示他是要以「自生」爲理據，企圖「無」掉世人「有爲於己生」、「營生於己生」的種種偏執妄爲。而去除世人執有執無的妄爲的唯一途徑，就是回歸「自然」，揭示「造物者無物，有物之自造」的「自生」意涵。

二、自然與因果問題

郭象自生獨化的自然觀，賦予現實萬有的絕對存在地位，物物皆自生自化，自爾如此，物物之間「不爲而相因」，「俱生而玄合」。從這種角度看待事物，則個人的手足舉止，唇齒眉目，乃至萬物的遇會，皆無待而自然，探尋而無由，不知其緣故。郭象常常以「自得」、「自是」、「自爲」、「自正」、「自均」、「自用」、「自安」、「自若」這類的語詞，來強調萬物存在之「塊然」、「掘然」、「突然」、「欻然」、「忽然」、「俛然」，意謂不知其所以然。就其積極意義而言，郭象的自然觀固然破解了現實世界中機械制約的依待網絡，描述一個萬物平等，逍遙自得的境界；但就其消極面而言，吾人常識經驗所賴以建立的因果認知，也一併被消除。如湯用彤所說：

> 自然一語本有多義，王（弼）主萬象之本體貞一。故天地之運行雖繁，而有宗統。「物無妄然必由其理。故繁而不亂，眾而不惑。」（《易略例・明象》）故自然者，乃無妄然也。至若向、郭則注重萬物之性分。物各有性，性各有極。物皆各有其宗極，而無使之者。故自然者即自爾也。亦即塊然，掘然，突然也。由王之義，則自然也者並不與佛家因果相違。故魏、晉佛徒嘗以二者並談，如釋慧遠之《明報應論》是矣。由向、郭義，則自然與因果相悖。故反佛者亦嘗執自然以破因果，如范之《神滅論》是矣。自然與因果問題，爲佛教與世學最重要爭論之一。其源蓋繫於立義之不同，其大宗約如上之二說。亦出于王與向、郭形上學說之不同也。〔註39〕

王弼的自然具有「物無妄然，必由其理」的形上理據性格，以「無」爲眾有的本體，萬物的存在有其所以然的形上根據，亦即作爲萬物宗主的無形無名

〔註39〕 湯用彤著，《魏晉玄學論稿》，頁53～54。

之道。再者，自然之道「在方而法方，在圓而法圓」，【《老子注・二十五章》】乃是萬物常態規律的基礎。前者是至健的形上秩序和終極理據，後者則屬現象界的因果原則。至於郭象的「自生」、「自然」，則是根本解消本體與現象的區分，泯除實然與應然的界限，而以相因俱生的冥會和諧，取代物與物之間一般的機械式因果關聯。由於萬物都是自造、獨化的絕對存在，所以經驗世界的因果認知，生與被生的連繫關係，皆無由成立，其實也無需建立。牟宗三闡釋郭象獨化境界的意涵云：

> 向、郭注莊，平視萬物，個個圓滿自足，自然其然，自化其化，無有生之者，無有然之者。此即「靜觀則無」也。然無論動觀之有，或靜觀之無，要皆「主觀性之花爛映發」，聖證所至之「內容眞理」也。在動觀之有上，既不可執「無」爲一物，在靜觀之無上，復不可下委於平視之萬物而直認此物自身即爲道爲自然。此不過捲之於主觀化境之觀照：平視一切。任之而圓滿自足。此是一種境界，一種意義。此仍是提起來，虛靈起來，無執無著而至之境界意義。此即是「自然」。此是境界之「自然」，境界之「獨化」，此即是道與無也。（洒脫地說，鬆散地說）。不是實物之自然，實物之遷化也。……若忘提起來，而下委於實物，滿眼是有，以此爲自然自在，藉以表示並非於「有」外而有「無」爲其體，且認爲向、郭注莊是崇有論，（湯用彤先生「魏晉玄學論稿」如此說），則其沈墮不反，謬以千里矣。〔註40〕

他以虛靈提昇，無執無著的境界意義，說明郭象的自然獨化的主體觀照所透顯之化境，亦即「平視一切，任之而圓滿自足」，確實甚能把握郭象「獨化於玄冥之境」的圓融自得之精神。牟宗三並且批評，湯用彤誤解了向、郭自生自化的觀念，是「忘提起來」以致「沈墮不反」，結果將向、郭劃歸爲崇有論者。〔註41〕

〔註40〕 牟宗三著，《才性與玄理》，頁 271～272。

〔註41〕 湯用彤著，《魏晉玄學論稿》，頁 52 云：「蓋王弼貴無，向、郭則可謂崇有，崇有者則主物之自生，自然（見裴頠〈崇有論〉）。夫物自然而然，而不知其所以然。突然自生，而無所使之生。則萬物無體，無所從生。」這裡將向、郭與裴頠並提，平實而論，湯氏以向、郭自生說的自然來理解裴頠「濟有者皆有也」的崇有論，乃是將主張常識經驗的裴頠給上提了。是以，周大興認爲湯氏所理解的郭象自生自化的觀念，並沒有「忘提起來」而沈墮不反，反倒是將「下委於實物，滿眼是有」的裴頠加以理想化。參閱其所著，《王弼玄學與魏晉名教觀念的演變》，頁 215。

此處牟宗三與湯用彤之所以看法分歧，其實觸及《郭象注莊》的評價問題，也涉及到對郭象玄學的理解與批評等不同層面問題。主要因為郭象自生獨化的自然觀，與經驗世界的因果認知相違，從根本上化除了本體和現象，實然和應然的分別，亦即牟宗三所謂「平視萬物，個個圓滿自足」。但如果從另一角度看，郭象的「平視萬物」的觀點，以物物皆自生自化，自爾如是，解釋現實事物的存在，對於現實中可能「沈墮不反」的人類名教社會的弊端問題，實際上能夠具有多少「虛靈起來」，提昇轉化的功用，是值得進一步商榷的。究其根底，這是由於郭象所描繪的自然獨化，無執無著的虛靈境界，與現實世界中苦難殘酷的因果經驗，呈現彼此扞格，相互抵觸之處。固然郭象自生獨化的思想並非「沈墮不反」，亦不在於牽就現實，但從其理論的結果檢視，確實無法將現實世界予以有效的虛靈、轉化、提昇。這正是牟宗三認為《郭象注莊》與《莊子》精神上之主要差異所在，因為郭象自生獨化的觀點是「任之而圓滿自足」，缺乏莊子那種低迴慨嘆，對於現實人生深具「存在之悲感」的意識。〔註42〕然而，郭象從內聖外王的立場重新詮釋《莊子》，也試圖表達他對莊子哲學僅止於至人真人精神境界的圓融之不滿；而他批評莊子的原意，正是要以「相與於無相與」、「相為於無相為」相因俱化的自然觀，轉化與提昇此一「沈墮不反」、苦難殘酷的現象界，只不過他在理論上未能完整建構一個合理而有效的解決方法。

此外，就湯用彤所主張「郭象義自然與因果相悖」的論點，陳榮灼也提出反駁：

> 由于郭象主「萬物自生」之立場，很容易使人聯想到龍樹所反對的「自生」；可是，若果郭象之「自生」義有此弊端的話，則主張「有生于無」的王弼亦難逃出相同的命運；……無論王弼或郭象，都是通過「自生」來闡釋「自然」的。不過，我們並不因此而主張兩者之「自然」義均與佛家之因果相違。……（郭象）所謂「自生」，乃係一種不落「因果」模式之「自然而然」、「獨體而化」的過程。(「無故」就是「『無』因」，「不落因果」之意！) 其次，郭象十分強調道家義之「自生」是一種毫無主宰可言的「任物自化」過程。…道家義之「生」應是一種海德格義的「造化」(poiesis, production)，而非「創造」(creation)。與「創造」不同，「造化」並非一種從「無」

〔註42〕參閱牟宗三著，《才性與玄理》，頁196。

（non-being）到「有」的過程，此中並無「創造主」之存在；而乃

一種純從自身湧出，又回到自身的自動化成過程。〔註43〕

陳榮灼更進一步藉由海德格「存有學的差異」（ontological difference）的觀點，說明道家的「無」與萬物之間的關係，乃是一種正面意義的「無」（Nothingness），而不是空無所有，有物無物的「無」（non-being）。他作出結論說：

> 總括而言，道家之「生」乃是「造化」之意，而「自生」則是「獨
> 化」之意，兩者均不落在任何「因果模式」之中，更遑論會落入佛
> 家所批評之「因果」中了！所以，無論郭象或王弼之「自生」義，
> 均不會與佛家因果相違背。〔註44〕

湯用彤所言「由向、郭義，則自然與因果相悖。故反佛者亦嘗執自然以破因果」的原意，其實在於指出郭象的自生獨化說確是「一種不落因果模式之自然而然、獨體而化」的涵義。正因如此，萬事萬物才能在共成乎天、玄冥和諧的條件下，自爾如是，自在自得。故湯氏所說與自然相違悖的「因果」，指的乃是世間因果報應的條件系列，也就是郭象自生獨化說所要解消超越的，現象界之主從隸屬、先後因果的關係。而陳榮灼所謂道家自生自然的「造化」意義不會落入「佛家所批評之因果中」，此「因果」應是指佛家所要破斥的生與被生的第一因戲論。他以海德格「造化」、「讓在」（letting-be）的觀念，詮釋郭象自生自化的自然觀，確實頗能彰顯郭象主張「造物無物」、「有物之自造」的特色。然而郭象「無故」、「無因」的自生觀點，是從造化自然的究極形上層次著眼，與一般常識經驗的「平視」層次迥然不同。由前者空靈超越的角度來看，後者自可謂是「下委於實物」的「忘提」；而二者的差異，正是湯用彤辨別王弼與郭象的玄學意趣不同的原因所在。湯用彤說：「王弼與向、郭均深感體用兩截之不可通。故王謂萬物本於無，而非對立。向、郭主萬物之自生，而無別體。王即著眼在本體，故恒談宇宙之貞一。向、郭即著眼在自生，故多明萬物之互殊。二方立意相同，而推論則大異。」〔註45〕郭象的自然觀強調萬物無體，並生同得，其自生獨化的主張與常識經驗的因果相違，實則最終超越了因果範疇。唐君毅認為：

〔註43〕陳榮灼著，〈王弼與郭象玄學思想之異同〉，頁133。
〔註44〕同上。
〔註45〕湯用彤著，《魏晉玄學論稿》，頁53。

此郭象之言自然自生獨化之論，非必如後之吉藏之三論玄義之意，謂此自然自生之說，即無因有果之論。此郭象之論，以今語說之，只宜說之爲一種對純現象之純觀照主義。此一純觀照，使人自所遇會而呈現于前之物之象之上下四方，皆游離脫開，而此物之象，即如憑虛而在，以成一空靈之境。此非主無因有果，而是直下對其與上下四方之其他之物與象之因果相待關係，視而不見，即忘此因果相待關係，以便使此呈現之有，得浮遊于一虛無面上，而亦于其自然，更不見有使之然者。〔註46〕

若將「自生」解釋爲「自己生自己」的理論，就會面臨所謂的因果模式或無因有果的矛盾和質疑。郭象以自然獨化的空靈觀照，使物物之間「空前絕後」，萬物遂從上下四方，各種因果相待的限制中「游離脫開」。關於郭象的自然與因果問題，傅偉勳說：

在郭象的世界裡，連自然律則或科學定律都應看成萬物萬象的變化過程之上套加的「理」，與萬物萬象的「自然無爲」仍隔一層；至於形上學意義的「理」，不論是老子的還是朱熹的，祇是畫蛇添足，有違原本眞實的自然無爲。就這一點說，郭象實爲中國哲學史上第一位徹底分辨「記述」（description）與「解釋」（explanation），而指摘一切人爲的（不論是科學的，形上學的還是神學的）解釋無權擅稱所謂「絕對眞理」的哲學家，其功不可沒。〔註47〕

傅氏認爲，就郭象哲學的表層結構而言，有所謂「獨化」之「理」或「自然無爲」之「理」；但就其深層結構而言，此「理」亦如「道」或「無」，只是虛字，而無實義。在郭象徹底自然主義的立場下，「理」、「道」或「無」，原不過是一種現象主義（phenomenalism）方便名目而已。總而言之，郭象的自生獨化說，是不落因果的自然，物物自爾如此的冥合遇會，縱使不與因果相違，至少也超越了一般因果依待的常識經驗觀點。

〔註46〕 唐君毅著，《中國哲學原論·原道篇》，卷二，頁388。

〔註47〕 傅偉勳著，〈老莊、郭象與禪宗——禪道哲理聯貫性的詮釋學試探〉，收錄於《從西方哲學到禪佛教——「哲學與與宗教」一集》，頁420。傅氏進一步表示，可惜的是，郭象未曾了解莊子「超形上學的突破」眞諦，在不必曲解莊子原意之處故意加以曲解，以致減低其自然獨化論的成就。

三、任性與逍遙義

　　郭象自生獨化的自然義，並未另外建立一個萬有眾物之上的無形宗主，而是直接就當下物物各自獨化獨存的現象，作一種「橫觀之橫通」的觀照；而王弼「道法自然」的自然義，則是道與物，體與用二個層面的「縱觀之縱通」。〔註48〕在郭象而言，由於「涉有物之域」皆「獨化於玄冥之境」，所以不從萬物千差萬別的殊相著眼，而是就當下直觀的自爾自然，而主張萬物平等玄同，無待逍遙。〔註49〕

　　郭象的自生自化，是就「涉有物之域」而言的現象觀照；如果從現實事物當身的內在層面說，則所謂物各「自爾如是」，就關涉到每一存在物本身的性分或性命的規定。若以內外來區分，則自生獨化，是「理」之自然如此，這是自「外」而言。例如郭象說：

> 非冥海不足以運其身，非九萬里不足以負其翼。此豈好奇哉？直以大物必自生於大處，大處亦必自生此大物，理固自然，不患其失，又何厝心於其間哉！【《郭象注莊・逍遙遊》】

> 不得已者，理之必然者也，體至一之宅而會乎必然之符者也。【《郭象注莊・人間世》】

> 夫我之生也，非我之所生也，則一生之內，百年之中，其坐起行止，動靜趣舍，情性知能，凡所有者，凡所無者，凡所為者，凡所遇者，皆非我也，理自爾耳。而橫生休戚乎其中，斯又逆自然而失者也。【《郭象注莊・德充符》】

在玄冥境界的觀照中，物物自然無待，任其自爾，所為所遇，皆非我也。如果從「內」來說，則物物自生獨化，是由於其本性、天性使然。郭象對此頗有發揮，例如他說：

> 夫小大雖殊，而放於自得之場，則物任其性，事稱其能，各當其分，

〔註48〕　參閱唐君毅著，《中國哲學原論・原道篇》，卷二，頁396云：「王弼之言玄同以說道，意在見道之在有形有名之物之上一層面。此乃原自其于道與物，乃分上下二層面，而縱觀之，以求縱通。郭象之不以無為先物之有，在有之上一層面，則無此縱觀；而唯以『玄同』，通彼我與萬物之殊異，則為依于一橫觀橫通。」

〔註49〕　王弼的自然牽涉無與有的體用含意，無與有或道與物雖說是二而一，全用在體，但二者間畢竟仍有分別，不可混同，這一點在自然與名教的關係上，對於區別真實與實然的差距至為重要。

逍遙一也，豈容勝負於其間哉！【《郭象注莊・逍遙遊》】

苟足於其性，則雖大鵬無以自貴於小鳥，小鳥無羨於天池，而榮願有餘矣。故小大雖殊，逍遙一也。【同上】

物各有性，性各有極。皆如年知，豈趺尚之所及哉！【同上】

不能止乎本性，而求外無已。夫外不可求而求之，譬猶以圓學方，以魚慕鳥耳。雖希翼鸞鳳，擬規日月，此愈近彼，愈遠實，學彌得而性彌失。故齊物而偏尚之累去矣。【《郭象注莊・齊物論》】

天性所受，各有本分，不可逃，亦不可加。【《郭象注莊・養生主》】

凡所謂天，皆明不爲而自然。言自然則自然矣，人安能故有此自然哉？自然耳，故曰性。【《郭象注莊・山木》】

「性」是萬物自身的本然特性，是天性所受的自然稟賦，「自然耳，故曰性」，既不需愛尚追求，也不需以圓學方，以魚慕鳥。所以萬物之間雖然大小各殊，稟賦不同，只要「各任其自爲，則性命安矣」，【《郭象注莊・在宥》】即能一起「放於自得之場」，同登逍遙。

安於性命，任其自爲，這是達到萬物平等，逍遙自得的前提。只要能自足於各自稟賦的、有限的性分中，無論百姓萬物，大小殊異，就可以褪除種種糾纏的知慮與慾望，止於本然的性分，獲得逍遙。在《莊子》中對於大鵬鳥高飛闊遊的嚮往，郭象以物各任其性的逍遙觀來詮解，遂轉而落實於當下有限的現實世界。這是即有限而言無限，即有待而言無待；任性自爲，即是圓滿具足的逍遙。郭象說：

天地者，萬物之總名也。天地以萬物爲體，而萬物必以自然爲正，自然者，不爲而自然者也。故大鵬之能高，斥鴳之能下，椿木之能長，朝菌之能短，凡此皆自然之所能，非爲之所能也。不爲而自能，所以爲正也。故乘天地之正者，即是順萬物之性也；御六氣之辯者，即是遊變化之塗也；如斯以往，則何往而有窮哉！所遇斯乘，又將惡乎待哉！此乃至德之人玄同彼我者之逍遙也。苟有待焉，則雖列子之輕妙，猶不能以無風而行，故必得其所待，然後逍遙耳，而況大鵬乎！夫唯與物冥而循大變者，爲能無待而常通，豈自通而已哉！又順有待者，使不失其所待，所待不常，則同於大通矣。故有待無待，吾所不能齊也；至於各安其性，天機自張，受而不知，則吾所

不能殊也。夫無待猶不足以殊有待，況有待者之巨細乎！【《郭象注
莊·逍遙遊》】

天地萬物的自然稟賦，各有其性分；大鵬與斥鴳皆有其自適自足的逍遙。雖
則大鵬能高，斥鴳能下，能力不同，但都是「不爲而自然」，「自然之所能」。
此即是天地之正，蓋因其本性自爾如此。大鵬與斥鴳的性分各有稟受，然皆
有其不待於外，自然所能的充分價值可以實現。當然，若就殊異的觀點看，
斥鴳不能高飛，朝菌不知晦朔；但若就萬物各自的稟賦能力看來，卻是自然
具足，毫無虧欠。只要物任其性，事稱其能，則大鵬與斥鴳皆有各自的逍遙。
再者，所謂「有待無待，吾所不能齊也」，物物各稟天性，各有其千差萬別的
本分本能。「自然耳，故曰性」，萬物本性自爾如此，其中沒有任何人爲意念
的造作，或貴賤高低的評價可以涉入安排。所以有待無待的差別，從萬物自
生自化「天機自張」而言，又是「吾所不能殊也」。易言之，萬物皆有其止於
本性本能，而不待外求，具足無虧的平等，此即「各安其性」，亦即「不爲而
自然」的「任性」。〔註50〕是以，就如陳榮灼所說：

> 總括而言，郭象的「自然」義中亦有一「雙重結構」：（一）從「自
> 爾」、「自生」、「自得」和「獨化」以明「自然而然」；（二）從「率
> 性」、「無爲」和「任物」以明「順其自然」。〔註51〕

大鵬與斥鴳「小大雖殊，逍遙一也」，就是站在「任性」、「各安其性」這種立
足點的平等上而說的。唯有在萬物回歸各自本性，觀照其天然稟賦，各皆獲
得自生獨化的絕對存在地位，方可言「玄同彼我、同於大通」之逍遙。故云
「夫無待猶不足以殊有待，況有待者之巨細乎」。不論大鵬與斥鴳的有待，或
是列子之御風而行，都必須「得其所待然後逍遙」。在郭象看來，大鵬、斥鴳
或列子所依憑的「待」，並非一般所謂的因果條件，「不失其所待」意謂不違
自然的「天地之正」，亦即順應萬物自然的本性。有關郭象逍遙義的探討，楊
儒賓認爲郭象以「自然」詮釋「性」，採取的是經驗事實義，當其應用到人性
時，會遭遇較多的困難。他說：

> 「適性說」如果只應用在人以下的一切存在物，所遭遇到的困難較
> 少。人以下的存在物雖然其性各有不同（郭象以「自然」詮釋「性」，

〔註50〕戴璉璋認爲，郭象積極的工夫之所以用一個「任」字，就在於天然稟賦有其
　　　　自足性。參閱其所著，《玄智、玄理與文化發展》，頁265。

〔註51〕陳榮灼著，〈王弼與郭象玄學思想之異同〉，頁132。

取的是經驗的事實義），但只要在某種條件底下，獲得其性發展所需
的憑藉，如大鵬之能高，尺鷃之能下，自然可以適性自得。但這種
意義下的適性，並不預含著工夫的作用，因為萬物的「性」中已含
著「適」之必然性。但人和其他一切的存在物不同，人有各種的可
能性，而其他的存在物只有現實性，沒有可能性。〔註52〕

因為人不同於萬物，除了存在的現實性，還具有可能性；而且就萬物之性而
言，只要獲得憑藉的條件，其適性而發展乃屬本能與必然之事，這種適性並
未蘊含工夫的作用。究其原因，在郭象玄學體系中，應然與實然，現象與實
在並未作理論上的分別；依此立場，「逍遙一也」遂成為郭象泯化有待無待之
間殊異的結論。他說：

夫莛橫而楹縱，厲醜而西施好。所謂齊者，豈必齊形狀，同規矩哉！
故舉縱橫好醜，恢詭憰怪，各然其所然，各可其所可，則理雖萬殊
而性同得，故曰道通為一也。【《郭象注莊・齊物論》】

「逍遙一也」或「道通為一」的齊物觀點，並不是指現實有形資質之意，因
為在實然的經驗世界，不可能有無限制的性分能力。郭象所言的逍遙義，應
從「得其所待」，任性自得來理解。所謂「待」，郭象著重於主觀的依待之意，
即對於外物有所企盼與需求。一般而言，客觀世界中事物的具體存在不能無
所依憑，對此郭象並非無所見。例如他說：「天地萬物，凡所有者不可一日而
相無也。一物不具，則生者無由得生。」【《郭象注莊・大宗師》】即是此意。
這種客觀的依賴關係，郭象不稱之為「待」，而以「因」作表示。譬如世人認
為「罔兩待景，景待形，形待造物者」，他則說：「彼我相因，形、景俱生，
雖復玄合，而非待也。」在郭象看，形與影都是自生而獨化的，彼此無所謂
「待」。至於影隨形而動的事實，他以「相因」釋之，說是「雖聚而共成乎天」。
〔註53〕《世說新語・文學》云：「莊子逍遙篇，舊是難處，諸名賢所可鑽味，
而不能拔理於郭、向之外。支道林在白馬寺中，將馮太常共語，因及逍遙。
支卓然標新理於二家之表，立異義於眾賢之外，皆是諸名賢尋味之所不得。
後遂用支理。」郭象的逍遙義曾經盛行一時，直至東晉才有支道林「標新義

〔註52〕 楊儒賓著，〈向郭莊子注的適性說與向郭支道林對於逍遙義的爭辯〉，頁99。
〔註53〕 客觀世界事物存在的依賴關係，郭象有時也稱之為「與」，「相因」或「相與」
都表示是自然而然地湊在一起，彼此未嘗「相為」。參閱戴璉璋著，《玄智、
玄理與文化發展》，頁273～274。

理」。支氏〈逍遙論〉云：

> 夫逍遙者，明至人之心也。莊生建言大道，而寄指鵬鷃。鵬以營生
> 之路曠，故失適於體外；鷃以在近而笑遠，有矜伐於心內。至人乘
> 天正而高興，遊無窮於放浪。物物而不物於物，則遙然不我得；玄
> 感不爲，不疾而速，則逍然靡不適。此所以爲逍遙也。若夫有欲當
> 其所足，足於所足，快然有似天眞，猶飢者一飽，渴者一盈，豈忘
> 烝嘗於糗糧，絕觴爵於醪醴哉？苟非至足，豈所以逍遙乎？此向、
> 郭之注所未盡。〔註54〕

支氏定義逍遙是「明至人之心」，認爲大鵬「營生之路曠」，以致「失適於體
外」；而斥鷃「在近而笑遠」，亦「有矜伐於心內」。唯有「物物而不物於物」，
「玄感不爲，不疾而速」，才是眞正的逍遙；而不是「飢者一飽，渴者一盈」，
「快然有似天眞」，只求一時慾望的滿足而已。適性逍遙是至人至足的境界，
而不是「有欲當其所足」的以欲爲性。支氏的逍遙新義可分二層次探討：一
是「明至人之心」的逍遙義與郭象逍遙義之異同；二是支氏對郭象「有欲當
其所足」的批評是否允當。

就前一問題說，郭象的逍遙義不論是「至德之人玄同彼我者之逍遙」，或
是大鵬斥鷃「得其所待然後逍遙」，皆非如支遁所言，落入經驗世界的因果法
則中，淪爲「飢者一飽，渴者一盈」，純以短暫慾望的滿足爲快。郭象是由自
然稟賦的適性、任性、順性之自足自得上立論，並未以欲說性；因此，「有待
者之巨細」的種種營生資具，並不是郭象逍遙觀的著眼點。再從現實的角度
說，大鵬及斥鷃不能失其所待，其境界當然與至人無心玄應的逍遙有所差別。
但值得注意的是，郭象既然以寄言出意的方式，故意「誤讀」、「曲解」《莊子》，
〔註55〕依其逍遙義，顯然不能同意支遁所說，大鵬「失適於體外」，斥鷃「在
近而笑遠」的看法。湯用彤評論郭、支二家之說：

> 至若《世說》載支公通《逍遙遊》，卓然標新理於二家之表。似若支

〔註54〕 《世說新語・文學》注引支氏〈逍遙論〉。參見楊勇著，《世說新語校箋〈上
　　　　冊修訂本〉》，頁199。

〔註55〕 傅偉勳著，〈老莊、郭象與禪宗——禪道哲理聯貫性的詮釋學試探〉，收錄於
　　　　《從西方哲學到禪佛教——「哲學與與宗教」一集》，頁422云：「郭象很可
　　　　能是中國哲學史上第一個我所云『誤讀天才』（a mis-reading genius），以『創
　　　　造的詮釋學』方式故意誤讀莊子原文，俾便批判地繼承並創造地發展老莊所
　　　　開拓的道家哲學理路。」

與向、郭立義懸殊，此則亦不盡然。蓋向、郭謂萬物大小雖差，而各安其性，則同爲逍遙。然向、郭均言逍遙雖同，而分有待與無待。有待者必得其所待。然後逍遙。無待者則與物冥而循大變。不惟無待。而且能順有待，而使其不失其所待。……有待者，芸芸眾生。無待者，聖人神人。有待者自足。無待者至足。支公新義，以爲至足乃能逍遙。實就二家之說，去其所待，而存其無待。《郭注》論逍遙，本有至足者不朽之言……。支公曰「至人乘天正於高興，游無窮於放浪」。亦不過引申至足不朽之義耳。按佛經所示聖賢凡人區劃井然。支公獨許聖人以逍遙，蓋因更重視凡聖之限也。〔註56〕

郭象所謂「有待者必得其所待，然後逍遙」，是從適性自得的意涵而言，大鵬與斥鷃所待者是自然本性，而不是指客觀世界因果條件的憑藉。因此，與其說「得其所待」，不如說是「彼我相因」，如同罔兩待景俱生而玄合。進一步說，即使有待者的逍遙也必須要「去其所待」，亦即在主觀上要不以待爲待，「外無所謝而內無所矜」，各安其性分。所以郭象說「物各自造而無所待焉」。而支道林所主張的「去其所待」，正是郭象認爲大鵬與斥鷃主觀上可以達到的逍遙之境。就此而言，《世說新語》所謂支公標新義理，「向、郭之注所未盡」，似言過其實。

牟宗三在《才性與玄理》中，將郭象的逍遙義分爲三層：第一是對逍遙的適性自得之「形式定義」，逍遙即是破除現實存在的質與量的條件依待。第二是「分別說」。所謂「物之芸芸，同資有待。得其所待，然後逍遙耳」，這實在稱不上逍遙，唯有「聖人與物冥而循大變，爲能無待而常通」之玄同彼我，才是眞正的逍遙。這種聖人、至人之心的逍遙，「若就萬物言，則實是一觀照之境界。即以至人之心爲根據而來之觀照，……並非萬物眞能客觀地至乎此『眞實之逍遙』。就萬物自身而言，此是一藝術境界，並非一修養境界。凡藝術境界皆繫屬於主體之觀照。隨主體之超昇而超昇，隨主體之逍遙而逍遙。所謂『一逍遙一切逍遙』，並不能脫離此『主體中心』也。」〔註57〕第三是「融化說」，透過聖人無爲而治的功化，使有待者不失所待，亦含有觀照之藝境界在內。在消極意義的「去礙」之下，功化即是觀照，觀照即是功化；使萬物各適其性，無論聖人之無待與芸芸眾物之有待，皆渾化於道術之中，

〔註56〕湯用彤著，〈魏晉玄學流別略論〉，《魏晉玄學論稿》，頁56。

〔註57〕參閱牟宗三著，《才性與玄理》，頁181～182。

同於大通，共登逍遙。〔註58〕

　　依牟先生之見，支遁的「明至人之心」只是「分別說」的層次，尚未及郭象論點的圓融，因為後者的逍遙義還包含渾化有待無待的圓融之意。牟先生認為，郭象的逍遙義是從主體境界的精神修養著眼，這才是逍遙的真實意義；而大鵬與斥鴳的逍遙，只能繫屬於至人的精神主體之境才能有其實義。他說：

> 此即標明「惟聖人」始能超越或破除此限制網，而至真正之逍遙。
> 然則真正之逍遙決不是限制網中現實存在上的事，而是修養境界上
> 的事。此屬於精神生活之領域，不屬於現實物質生活之領域。此為
> 逍遙之真實定義，能體現形式定義之逍遙而具體化之者。此聖人修
> 養境界上之真實逍遙，即支遁所明標之「逍遙者，明至人之心
> 也」。……然人能自覺地作虛一而靜之工夫，以至聖人或至人之境
> 界，而大鵬尺鴳，乃至草木瓦石，則不能作此修養之工夫。〔註59〕

這是由境界形態說明至人之心，以及聖人同於大通的逍遙工夫。但這樣的精神境界也正是郭象所批評的「應而非會」、「雖高不行」。郭象的逍遙義，應不只是一種觀照的境界或工夫論而已。就如楊儒賓所述：

> 但向、郭所說的「逍遙」與他所說的「適性」，兩者很難劃分開來，
> 在逍遙遊一篇的注釋中，這兩個概念幾乎是等同的。而他所說的「適
> 性」，……又是建立在「物自生」、「崇有」的形上學立場上：「上知
> 造物無物，下知有物之自造。」（序言）萬物如何存在的問題居有首
> 要的地位，而在此問題下才再有適不適性的問題——當然，在「物
> 之芸芸」的層次上，存在的問題與適性的問題是有很多重疊的部分
> ——但無論如何，向、郭探討「適性」、「逍遙」問題的進路，基本
> 上是從客體面進入地，並不是從「明至人之心」立論。〔註60〕

從客體面立論，原則上只要萬物能各守其分，各稱其能，都可以適性逍遙。如郭象所說：「夫小大雖殊，而放於自得之場，則物任其性，事稱其能，各當其分，逍遙一也，豈容勝負於其間哉！」【《郭象注莊·逍遙遊》】是以，姑且不論「逍遙」一詞在莊子或其他思想家中有如何嚴格的規定，但在郭象語言

〔註58〕同上，頁 183 ～184。
〔註59〕同上，頁 182。
〔註60〕楊儒賓著，〈向郭莊子注的適性說與向郭支道林對於逍遙義的爭辯〉，頁 112。

使用的習慣中，這個語詞確實是可以指涉到經驗界中的存在者，並非只限於從至人主觀的心境立論而已。

其次，有關支道林逍遙新義的第二個問題是，同屬於有待的天地萬物的存在地位問題。若果玄同彼我，同於大通的逍遙，不只是至人之心主觀的精神境界而已，也指涉實際的存在，那麼有待與無待兩種逍遙之間的關係如何？郭象說：「唯聖人與物冥而循大變，為能無待而常通，豈自通而已。又從有待者，不失其所待，不失，則同於大通矣。」〔註61〕如果就客體面的進路而言，世間萬物有待的逍遙，未必要繫屬於聖人的主體心境才得其逍遙，這是一種客觀意義的，甚至超越主客觀意義的「融化說」。所謂「玄同大通」，即是「乘天地之正」，亦即是「順萬物之性」，原本含有物物自生獨化的形上學意義。又從「道通為一」的角度說，萬物是「何往而有窮哉，所遇斯乘，又將惡乎待哉？」【《郭象注莊・逍遙遊》】「所遇斯乘」突破了「乘」的限制，可以無所遇而不乘，無所往而不逍遙。此即是聖人、至人玄同彼我，與物冥而循大變的逍遙，亦即無待的逍遙。在這裡蘊含無待與有待的玄同，彼我「各安其性，天機自張，受而不知」，如此則一切有待者皆在「獨化於玄冥之境」中渾化於無待，而可以遊於無窮。逍遙分為有待與無待，不僅是在百姓眾生與聖人、至人之間作出分別，更是現實世界中萬物性分稟賦各不相同的問題。就這點來看，郭象說「夫無待猶不足以殊有待，況有待者之巨細乎」的「融化說」，亦可言之成理。

不同於「一逍遙一切逍遙」的主觀境界之說法，楊儒賓著重從客體方面探討至人之心對於萬物的「豈徒自通而已」的關係，主張至人與萬物之間具有某種「特殊的關聯」。他說：

> 「豈徒自通而已」一段比較合理的解釋，應當是將它與「有待、無待兩種逍遙」的觀念一並討論——萬物雖然得其所待即可逍遙，但在得其所待的過程中，萬物往往因囿於一曲，偏於一方，不能得其所待，或者會妨礙他人得其所待，難免彼此會有衝突，此時就需要聖人出來為之調停，「遺彼忘我，冥此群異」。……並不是因為聖人的境界提昇而「一逍遙一切逍遙」，而是聖人有特殊的性格、能力，可使萬物「忘其好惡」，回歸到「各自得」、「各自為」的狀態。換言

〔註61〕《世說新語・文學》注引向子期、郭子玄〈逍遙義〉。參見楊勇著，《世說新語校箋〈上冊修訂本〉》，頁198～199。

之，聖人並沒有因爲心靈的提昇變化，使萬物由「有待」而「失其所待，以致無待。無待，則同於大通」，他仍只是讓萬物「不失其所待」，讓萬物居於「所待」所欲滿足的性分當中，獲得各個性分之內的逍遙。〔註62〕

莊子與支遁的逍遙觀，是透過主體內在心境的轉化提昇，來轉化和改變現實存在界的性格和地位，這必需預設一種心齋、坐忘的工夫修養歷程。而郭象則從客觀面立說，聖人「特稟自然之妙氣」，【《郭象注莊・逍遙遊》】亦即「稟賦一種無方曲、無偏滯的氣，可以與萬物偏於一曲的氣相通，相通則冥極」。〔註63〕這是就「經驗的事實義」而言的「轉化」、「變化」，使百姓萬物的自然性分可以與至人特殊的妙氣一起呈顯，所以聖人與百姓萬物的逍遙，都是經驗世界中可能之事。楊儒賓不僅分辨莊子、支遁與郭象的逍遙觀的差異，更進一步指出，郭象不能相應地理解莊子心靈超越層面「虛室生白」的「常心」，亦欠缺莊子那種「對生命有實惑，能掌握住生命的各種向度」的思想內涵。凡是莊子圓融精神所預設的種種步驟與歷程，向郭大體都將其解消，減殺掉其間的過程次序，因此與莊子所說的聖人終究有距離，以致有待的逍遙只是「純現象式的、平面的各任其位的逍遙」。〔註64〕儘管如此，郭象依據自然無爲、自生獨化的玄學系統詮釋《莊子》，從這個角度看，他並非對於《莊子》原文欠缺了解，反而是貫徹了《莊子》的思想。此如傅偉勳所說：

> 莊郭二者雖同倡齊物論調，從郭象的觀點看來，莊子的齊物論仍不夠徹底，蓋莊子的「物化」仍有待眞人依乎天均天倪「和（之）以

〔註62〕楊儒賓：〈向郭莊子注的適性説與向郭支道林對於逍遙義的爭辯〉，頁 115〜116。

〔註63〕同上，頁 122〜123。就聖人特稟自然之妙氣的觀點，楊儒賓的解釋是：「向、郭在這方面的發揮，主要是繞著『氣一化一神』這組概念展開的。他基本上認爲宇宙由氣組成，氣忽漠無常，刹那萬變，宇宙因此也是在難以截斷的變化之流當中，沒有可供暫駐的實在。在這種形態的形上學立場下，個體和宇宙並沒有分離，因爲個體的存在，固然是自然而在；個體的價值，也是在己而有。……萬物的存在永遠要崁鑲在整體氣化流行的背景中理解，從某種意義下考慮，也可以說它們是被氣化所『決定』的。但這種『決定』卻使得個個參與到氣化流行中的存在物，彼此間都有著機體式的關聯，沒有一物是眞正的絕對孤立，也沒有任何兩物間沒有某種程度的關聯。但眞正能理解並體現這種關聯的只有聖人，因爲聖人的氣特別清明，他透過這種特別清明的氣之妙用（神），可以參與到宇宙的變化之中，洽貫融釋，形成具體的和諧。」

〔註64〕同上，頁 125〜126。

自然之分，任其無極之化，尋斯以往，則是非之境自泯，而性命之
致自窮」（齊物論）。莊子豈不嘗云：「有眞人而後有眞知」（大宗師）？
豈不嘗云：「大知閒閒，小知閒閒；大言炎炎，小言詹詹」（齊物論）？
郭象則不然，乃以自然無爲的獨化論超越莊子的眞人眞知，徹底泯
除大知小知、大言小言等等之分，絕對化了莊子原有的「齊物論」，
在性命論與解脫論似較莊子更進一步，把莊子所應說而未說出的結
論全盤托出。〔註65〕

　　總結而言，支遁論點的重要價值，在於指出郭象逍遙觀以欲爲性的可能
後果。然而，莊子「有眞人而後有眞知」【《莊子・大宗師》】或支遁「明至人
之心」的心靈修養之主觀境界，究竟如何朗現？又如何轉變萬物存在的性格？
這種轉變與萬物的性格究竟應從哪個層面來理解？聖人、至人心靈轉化之
後，與萬物的關係又如何？如何安置萬物存在的地位？這些其實都是《莊子》
原文必須面對的課題，而郭象以其貫徹自然無爲立場的獨化論體系，透過「寄
言出意」的注解方式，將《莊子》所蘊涵的這些問題充分揭露出來。

第五節　兩者名教觀與自然義的比較

　　如魯迅所指出，嵇康所嚮往眞正名教的理想，始終貫穿於他前後期思想
著作中，不曾放棄。此一「本意」與他批判現實名教異化的「姿態」之間的
反差，與其看作是他思想上的矛盾，毋寧說是玄學主題的進一步發展與深化。
他從前期致力於名教與自然的結合，到後期倡言「越名教而任自然」，這種思
想上的曲折轉變，其實透露了他內心深沉的痛苦感受，以及對現實世界的徹
底絕望。

　　這種複雜的心理，從嵇康在〈家誡〉對其子的勸戒即可得到佐證。他竟
然寧可其子「不肖」父親，從這點來看，說明他反抗禮法名教的種種言行姿
態，乃是「有嫉而爲矍」。〈家誡〉篇首言：

　　　人無志，非人也。但君子用心，所欲準行，自當量其善者，必擬議
　　　而後動。若志之所之，則口與心誓，守死無貳，恥躬不逮，期于必
　　　濟。

可見他反倒是相信名教，而且固執到極點。嵇康思想上的轉折，並非變爲否

〔註65〕傅偉勳著，《從西方哲學到禪佛教——「哲學與與宗教」一集》，頁421。

定名教存在的價值,也不是先儒後道的判然改易;而是他內心堅持的真正名教,與外在世界虛偽名教的嚴重落差,亦即是理想與現實對立的具體表現。他即是以其所固執的名教理想為標準,批判當時現實世界中流於虛偽形式的禮法教條,力主超越這種落入政治集團操縱,以致人於罪的殘酷網羅。

值得注意者,嵇康心目中的真正名教,從來就不是拘泥於人倫社會相對意義下的是非善惡,〈家誡〉說「不須作小小卑恭,當大謙裕;不須作小小廉恥,當全大讓」,表明他所追求的是一種自由自在的精神境界。一旦現實名教的種種規範流於虛偽僵化,與理想的距離愈來愈遠,則追求自由自在的精神便再無法安棲於束縛真實人性的苦難世界,轉而專注於個人心靈修養的提昇、錘鍊與純化。

在〈釋私論〉中,嵇康正式標舉「越名教而任自然」,揚棄異化的名教,建立一個虛心無措的至公境界,揭櫫其名教觀「超越道德論」的主題。〔註66〕他賦予儒家君子以莊學之新意涵,也就是「無措於是非」的至人、真人,內心亮達,氣靜神虛,不矜尚於是非善惡,也不受感官情慾的牽擾。他從「是非無措」與「匿情為非」的分別,來判定君子與小人的不同。〈釋私論〉的主旨即在於去私匿以顯至公,由外表言行的善惡,進入內心世界的有措無措;其目的是要揭露在名教所標榜的善惡對錯的表面言行之外,還有更關鍵的心境公私問題,藉以矯正名教社會名實不分的現象。他試圖剖析,為善者有可能以善為工具,內心卻私慾作祟,假公濟私,名教的種種弊端即肇因於此。

再觀郭象,雖然肯定名教存在的價值,卻亦瞭解名教的弊端,認為名教社會的大患,在於學聖人之迹。聖人統治社會,必定需要某些規章與制度,可是這些規章制度,只是聖人解決具體問題而留下的一種名聲形表之迹。人們學聖人只知學其迹,而不知探求其所以迹。固執名聲形表的結果,遂流於形式主義,不能把握真實的內容,以致違反人的自然本性。傳統的名教,都是古代聖人用以解決當時具體問題的辦法;若能符合當時的情況,名教有存在的價值。但是,社會經常處於變動中,每個時代有不同的情況;面對新的時代,就應該尋求新的辦法,如果「過時而不棄」,還固守著陳舊的規章,拘泥於表面的形式,不僅無法解決當時的問題,更將危害社會。這就是郭象名教的時用觀。他承認將聖人之迹都保存下來是很大的弊病,但又認為這是現實世界中不可避免之事。

〔註66〕 參閱周大興著,〈越名教而任自然——嵇康釋私論的道德超越論〉,頁29～35。

　　郭象雖和嵇康同樣不滿於名教的形式教條，但他並不贊成像嵇康一般徹底揚棄現實名教。所以他說：「夫知禮意者，必遊外以經內，守母以存子，稱情而直往也。若乃矜手乎名聲，牽乎形制，則孝不任誠，慈不任實，父子兄弟，懷情相欺，豈禮之意哉？」【《郭象注莊‧大宗師》】這裡所謂「外」，是指名教的制度形式；所謂「內」，是指人的本性，也就是自然。本性是「母」，形式是「子」。郭象雖然批判這種缺乏真實內容，徒具形式，違反自然的名教，但並不主張與現實決裂。他說「遊外以經內」，強調充實內容的必要性，但是形式也是不可缺少的。是以，他反對像嵇康那樣將名教的形式和內容完全對立起來，而主張「守母」也不能「棄子」，「遊外」正所以「經內」。

　　嵇康深受時代憂患感的驅使，一生都在真誠地追求自然真實的本體。他認為唯有本體是絕對的，而自我則是相對的；本體是和諧而無限的大我，而自我則是有哀樂之情，有限的小我。他渴盼自我意識能超越苦難的現實，與自然本體合而為一，從而建立一種足以安身立命的精神境界。但由於理想與現實的劇烈衝突，導致他將自然與名教、本體與現象，大我與小我也都對立起來，所以在思想與行為上經常陷入痛苦之中。而郭象則指出，理想不能脫離現實；如果超越了名教，自然也只不過是一個虛幻的境界。他的內聖外王之道，即在致力於理想與現實的調和，他要證明自然與名教為一：自然就是名教，名教就是自然；超越的玄冥之境不在名教之外，而就在名教之中。他反對嵇康自然論玄學在名教之外尋求超越的企圖，認為這種超越實際上是不可能存在的。

　　雖然嵇康與郭象處置名教的態度有所不同，前者主張徹底揚棄異化的現實，以全力追求純正的理想；後者主張唯有立足於現實，才能以理想來調整改革既存的世界。但是在崇尚自然這一點上，兩者是一致的；只是嵇康後期認為現實名教根本是違反自然的虛假產物，而倡言「越名教而任自然」；郭象則認為名教是一種源於自然的存在，縱然有其弊端，卻不能輕言捨棄，並且以「迹」和「所以迹」的概念來結合名教與自然。

　　儘管嵇康與郭象同樣崇尚自然，不過兩者詮釋自然的意涵卻不盡相同。兩者的自然思想皆源出道家，所謂「聖人貴名教，老莊明自然」。首先考察自然一詞在《老子》中，共出現五次，[註67]分別為：

　　（一）悠兮其貴言。功成事遂，百姓皆謂我自然。【《老子‧十七章》】

[註67] 參閱錢穆著，〈郭象莊子注中之自然義〉，《莊老通辨》，頁411。

（二）希言自然。故飄風不終朝，驟雨不終日，孰爲此者？天地。
　　　天地尚不能久，而況於人乎？【《老子·二十三章》】

（三）人法地，地法天，天法道，道法自然。【《老子·二十五章》】

（四）道之尊，德之貴，夫莫之命而常自然。【《老子·五十一章》】

（五）是以聖人欲不欲，不貴難得之貨。學不學，復眾人之所過。
　　　以輔萬物之自然，而不敢爲。【《老子·六十四章》】〔註68〕

　　就老子哲學而言，作爲天地萬物總根源的「道」，即存有活動的本身，亦即存有；在「樸散則爲器」【《老子·二十八章》】的過程中，道透過自身分殊化的複雜歷程而化生萬物。「德」則指萬物秉承自道，一種內在的自性和自發自成的能力。換言之，「德」即各存有者稟得於「道」的存有，是經由「道」的化生與內在而有的，亦即原始整全的道以分殊化的方式內在於個物的存有。《老子》云：「道生之，德畜之，物形之，勢成之。是以萬物莫不尊道而貴德。」【《老子·五十一章》】因此，每一個體天生自然的本性，皆根源於道。各物各循其性自發自長，不但在自展其德的歷程中有所自得，同時也是一種回歸於道，充分表顯道的活動方式；而這整個過程，即可謂之自然。簡言之，就老子而言，「自然」統攝了道的體性和任物自展其德的道用。

　　而在《莊子》中，自然則計出現八次，分別爲：

（一）莊子曰：「是非吾所謂情也。吾所謂無情者，言人之不以好惡
　　　內傷其身，常因自然而不益生也。」【《莊子·德充符》】

（二）無名人曰：「汝遊心於淡，合氣於漠，順物自然而無容私焉，
　　　而天下治矣。」【《莊子·應帝王》】

（三）夫至樂者，先應之以人事，順之以天理，行之以五德，應之
　　　以自然，然後調理四時，太和萬物。【《莊子·天運》】

（四）吾又奏之以無怠之聲，調之以自然之命，故若混逐叢生，林
　　　樂而無形；布揮而不曳，幽昏而無聲。【《莊子·天運》】

（五）當是時也，莫之爲而常自然。【《莊子·繕性》】

（六）因其所非而非之，則萬物莫不非；知堯桀之自然而相非，則
　　　趣操覩矣。【《莊子·秋水》】

〔註68〕　以上所引五條分見：樓宇烈校釋，《老子周易王弼注校釋》，頁41，57，65，
　　　　137，166。

（七）夫水之於汋也，無爲而才自然矣。【《莊子・田子方》】

（八）禮者，世俗之所爲也；眞者，所以受於天也，自然不可易也。

故聖人法天貴眞，不拘於俗。【《莊子・漁父》】〔註69〕

基本上《莊子》的存有論與宇宙論繼承了《老子》的觀點，〈大宗師〉認爲道乃萬物之統宗，道是絕對的、整全的；〈齊物論〉以道觀物，物物皆源於道，乃道之分殊的多樣性相。〈秋水〉云：「天在內，人在外」，一切天生自然之固然者，例如牛馬的生理結構，乃是人所不能改變的。如果是人依主觀意志所加之於自然者，例如絡馬首、穿牛鼻來供人使用，則屬人爲的。因此，凡天賦內在的是自然，否則是非自然的。莊子以順任自然的原則，處理人與自然的關係，而人類也是自然的一部份，因此人若能「心齋」、「坐忘」以「外天下」、「外物」、「外生」，虛靜以待物，順任情性之眞，即可適性逍遙，悠然自得。若是執著成心而有所待，則「迷亂而不能自得也」。【《莊子・秋水》】進一步說，《莊子》的道是物類萬殊的終極統合者，而「至人」、「眞人」或「神人」意謂能在心靈生活或精神修養歷程上，超脫世俗的羈絆，達致自我與道全幅融合的境界，亦即人與自然渾然爲一的境界。

在嵇康的著作中，自然出現超過四十次，除了採納老莊的自然意涵，也受到秦漢以來氣化宇宙論的部分影響。然而，〈釋私論〉揭示「心無措乎是非」以達到「越名教而任自然」的君子新義，其實是發揮《莊子・齊物論》的精神：

是以聖人不由，而照之於天，亦因是也。是亦彼也，彼亦是也。彼亦一是非，此亦一是非。果且有彼是乎哉？果且無彼是乎哉？彼是莫得其偶，謂之道樞。樞始得其環中，以應無窮。是亦一無窮，非亦一無窮也。故曰莫若以明。

嵇康就是在這種超越是非的「無」之基礎上，提出「越名任心」，「無措是非」的主張，結合魏晉玄學高度抽象的思辨和分析，而形成他獨特的思維方式。〔註70〕嵇康固然注重自然，較之郭象注《莊子》，僅就〈逍遙遊〉與〈齊物論〉兩篇來看，其中自然就已出現高達二十八次之多，〔註71〕明顯可見郭象徹頭徹

〔註69〕 以上所引八條分見：郭慶藩輯，《莊子集釋》，頁 221，249，502，507，550～551，578，716，1032。

〔註70〕 岑溢成著，〈嵇康的思維方式與魏晉玄學〉，頁50～51。

〔註71〕 參閱傅偉勳著，《從西方哲學到禪佛教——「哲學與與宗教」一集》，頁426。

尾執守道家自然之義的立場。

　　他根據「自然無為」的道家根本原理，以萬物自生獨化的觀點，還原老子形上學「道法自然」與「道常無為而無不為」的本來面目；同時更進一步徹底解消莊子一切大小的分別：例如大知與小知之分、大言與小言之分、聖與凡之分等等，而以同等地位看待萬事萬物的存在、價值和意義，由此指點一種萬物自生，自爾獨化，一切如如的境界。這可說是郭象對莊子齊物論的創新詮釋，傅偉勳認為，郭象這種齊物論新意，乃是對莊子思想原有的「暗蓄」之「明推」，他說：

> 莊子對於「明」（真人的「莫若以明」）與「無明」（其實是無所謂明
> 不明的聖凡一如與物物自適）的終極分辨，在郭象的新齊物論裡，
> 完全消失不見。如說莊子尚有「以我（真人真知）觀物」之嫌，則
> 郭象的「以物觀物」確有超越老莊而貫徹「自然無為」的義諦到底
> 之功。……其實，莊子亦可許有郭象所倡萬物獨化的「自然平等」
> （natural equality）之論。莊子在〈秋水〉篇中豈不自云：「儵魚出
> 游從容，是魚之樂也。……我知之濠上也」？既然如此，真人之樂
> 與魚之樂有何高低優劣之別？依莊子此段，我們也可以把郭象的「誤
> 讀」看成莊子原有暗蓄的明推（明白點出），算是掘發原有思想深層
> 結構的一套創造的詮釋學工夫。〔註72〕

據此可知，嵇康「心無措於是非」的任自然主張，與郭象自然無為的獨化論思想，均有所借助或脫胎於莊子〈齊物論〉的意涵。嵇康的自然論哲學雖有玄學本體論的形式，但當觸及宇宙本源問題時，往往從宇宙構成論加以解釋。再者，嵇康認為理想的名教應本於自然，「道」是產生天地萬物的根源，「無為」比「有為」更根本。是以他說：「然無措之所以有是，以志無所尚，心無所欲，達乎大道之情，動以自然。」【〈釋私論〉】因此，名教應順乎自然，而自然是統一的，有規律的和諧整體。既然名教應以自然為根據，則聖人治天下當以無為為本，使社會成為統一而有規律的和諧整體。這樣的看法原本是當時玄學所討論的主題，根源於王弼「崇本舉末」，「崇本息末」的思想。但嵇康在探討天地萬物，宇宙本源的問題時，又述及宇宙構成問題，譬如「元氣陶鍊，眾生稟焉」，【〈明膽論〉】「浩浩太素，陽曜陰凝，二儀陶化，人倫肇興」，【〈太師箴〉】認為整個宇宙自然而然存在著無限廣大的元氣，天地萬物

〔註72〕傅偉勳著，《從西方哲學到禪佛教——「哲學與與宗教」一集》，頁423。

包括人在內，都稟受自然的元氣而生；而宇宙間事事物物的變化，都是元氣自身的變化。這種看法實際上繼承了兩漢以來的元氣論學說，而所謂「自然」者，就這方面說，即是無名無形之「元氣」。嵇康說「夫氣靜神虛者，心不存乎矜尚；體亮心達者，情不繫乎所欲」，【〈釋私論〉】若從「有」本於「無」，「名教」本於「自然」方面看，他討論的是本體問題；若從天地萬物由元氣構成或自然變化都是元氣變化方面看，他又是在討論宇宙構成論問題。這兩方面究竟是什麼關係？嵇康並沒有作出明確的說明。

在這方面的自然意涵，郭象則與嵇康見解互異。在其《莊子》的注釋中，雖然也有天地萬物由氣構成的言論，譬如「變化相代，原其氣則一」、「殊氣自有，故能常有」，「氣聚而生，……氣散而死」等等，但他認爲決定事物存在樣式的，不是「氣」，而是「性」。每一事物都有各自的「自性」，其「自性」是獨立自足的。由於郭象否認天地萬物的統一性，只講個別事物的存在和構成，因此在他的獨化論玄學體系中，根本沒有宇宙整體是什麼，以及由什麼所決定之類的問題，亦即根本就不存在本體論和宇宙構成論的問題，故無須加以討論。〔註 73〕郭象反對「尋本」的思維模式，「無本」、「無故」（沒有爲什麼，without why）乃是其自然義的眞諦，唯有以「無本」與「無故」的態度來對待萬物，吾人才可以達致自由與逍遙，而萬物也才可以「各任其性」，「各適其適」。就此，陳榮灼援引海德格晚期所主張的，停止追問萬物存在的根據、目的及原因的「離據」（Ab-grund）之說，藉以闡釋郭象獨化論「無故」、「無本」的立場，頗能充分透顯郭象自然主義的精神。〔註 74〕

綜合而言，嵇康與郭象同樣把自然看成比名教更爲根本，而且名教乃由自然所出。然而，嵇康認爲名教並不必然合乎自然或反映自然。尤其在他後期思想中，由於對虛僞世俗憤慨不滿，帶有強烈反抗現實的色彩，遂將名教與自然對立起來，倡言「越名教而任自然」，堅持眞實自然的人性價值。他以懷抱的名教理想來衡量現實世界，卻發現處處呈現嚴重的衝突，不得已而將這份理想寄託於遙遠的古代社會。是以〈答難養生論〉云：「順天和以自然，以道德爲師友，玩陰陽之變化，得長生之永久，任自然以託身，並天地而不

〔註 73〕 湯一介認爲，在郭象來說，「有」才是絕對的存在，他把有絕對化，使每個事物都成爲一個獨立自足的存在。換言之，他把天地萬物之間的聯繫完全拋掉，而構造了千千萬萬個絕對的獨立自足的「有」。參閱其所著，《郭象與魏晉玄學》，頁 68。

〔註 74〕 參閱陳榮灼著，〈王弼與郭象玄學思想之異同〉，頁 128～129。

朽。」嵇康的終極關懷就在於人如何回歸自然，因任自然，體現太和之理以成就天地之大美。而郭象處在竹林玄學廣泛流行的時代，欲扭轉社會上虛無放達之風，也強調回歸自然的立場；只是他的「自然」意涵與嵇康不同，他追求的「自然」不在現實世界之外，而就在現實世界之中。他雖然也對世俗名教不滿，但相較於嵇康的超越主張，郭象有較鮮明的妥協性格，強調理想必須與現實相融合，如果離開名教，別無所謂自然的本體。在郭象的哲學體系中，當下眼前的「有」是唯一的存在，除此之外沒有所謂的「無」作為生化之本源。從實際的生活來看，則除了現實世界之外，再沒有另一個超越的世界，現存的名教社會就是唯一的、合理的社會，人們無須再去尋求另外一個理想的社會。

第七章　嵇康與郭象調和名教與自然之內容之比較

　　魏晉時期紛亂的歷史，鑄造無數的苦難和悲劇。玄學家為了尋求擺脫這種悲苦，無不站在哲學思想的高度來解決現實世界的各種對立和衝突，為陷入困境的人間和茫然失措的心靈指引一條安身立命的道路。玄學，基本上是一種本體論哲學；名教與自然的關係，就如同現象與本體的關係，不能彼此脫離單獨存在。因此，探索名教與自然完美結合的方法，就成為魏晉時期玄學家所共同追求的目標。

　　嵇康與郭象亦然。但郭象的獨化論體系龐大而完整，超過嵇康的自然論。實際上，嵇康並沒有形成體系，只是提出問題。嵇康的思想歷經重大的轉折，從對現實抱持改革希望，到徹底絕望，其主張也由「君道自然」轉變為「越名教而任自然」，突出了自我意識與精神境界的問題，深刻地反映他所面對的時代困局。郭象繼嵇康之後，從事玄學綜合與總結的工作，必須回應前人提出的各種問題與挑戰，其中包括王弼、嵇康及裴頠等，使自己的思想體系更具包容性與圓融性，於是提出「內聖外王之道」，以完成名教與自然的辯證統一的任務。由此可見，兩者對調和名教與自然的內容並不相同，以下即分節繹析之。

第一節　嵇康：從「君道自然」到「越名教而任自然」

嵇康〈六言詩〉云：「法令滋章寇生，紛然相召不停。大人玄寂無聲，鎮之以靜自正。」他以唐虞之世「君道自然」【〈太師箴〉】作爲名教政治的最高理想，雖然當時「法令滋章」的現實名教不符合這個理想，但只要有一個「大人」履行「鎮之以靜」的政策，實現這個理想的可能性還是存在的。由此可知嵇康原本是以合乎自然的名教爲目標。例如他說：

> 古之王者，承天理物，必崇簡易之教，御無爲之治。君靜於上，臣順於下，玄化潛通，天人交泰，枯槁之類，浸育靈液，六合之內，沐浴鴻流，蕩滌塵垢，群生安逸，自求多福，默然從道，懷忠抱義，而不覺其所以然也。【〈聲無哀樂論〉】

> 昔鴻荒之世，大樸未虧，君無文于上，民無競于下；物全理順，莫不自得。飽則安寢，飢則求食。怡然鼓腹，不知爲至德之世也。若此，則安知仁義之端，禮律之文？【〈難自然好學論〉】

顯示他對名教與自然渾然融合的理想之嚮往。在這方面，嵇康不像王弼或其他玄學家那樣關注於有無、本末的問題，從事現象與本體之間思辨邏輯上的聯結，而是傾注全部心力探討自我意識與本體的關係，企圖獲得一種精神境界，一種能讓自己擺脫悲苦和憂患的安身立命之道。〔註1〕自我意識是一個主體範疇，必須依據某一客體才得以成立；所以自我意識不能停留於自身之內，而必然趨向於客體。精神境界則是主客合一相互依存而產生，亦即自我意識經過探索之後，尋得一個客體而安頓於其中，是所謂精神境界。然而，精神境界必須以現實世界爲依歸，如果脫離現實世界，它將像一座懸浮無根的空中閣樓，無論如何精緻華麗，構思巧妙，自我意識在這種虛無縹緲的精神境界中，終究得不到眞正的安頓。嵇康即從自我意識出發，以宇宙的最高本體作爲追求的目標，期盼自我與本體能夠融合爲一，求得精神境界上的昇華，據以安身立命，和苦難荒謬的現實相抗衡。他所追求的這個本體就是「自然」，

〔註 1〕　余敦康認爲，王弼的貴無論玄學是一種純粹理智的，不帶有感情的思維，一種抽象的邏輯思維。王弼在哲學史上雖然地位甚高，在文學史上卻排不上名次，即是與這種只注重共性而忽略個性的思維特點有關。嵇康與王弼不同，他把認識與感受，思維與情感融爲一體，通過自己獨特的個性去把握時代的共性，這就使得他同時成爲既是有代表性的哲學家，又是作出貢獻的文學家。參閱其所著，《魏晉玄學史》，頁310。

不論是前期思想中所熱切盼望的「君道自然」的理想，或是後期基於對現實的憤慨所大力倡導的「越名教而任自然」，他追求本體的意志始終不曾動搖。

　　雖然嵇康強調從自我意識出發，卻並非鼓吹如近代思想史上那種個人主義，而是要求克制自我，超越自我，將自我投入宇宙本體之中，與本體融合為一。他說：「矜尚不存乎心，故能越名教而任自然；情不繫乎所欲，故能審貴賤而通物情。物情順通，故大道無違；越名任心，故是非無措也。」【〈釋私論〉】無措即無心，也就是排除一己的私心雜念而符合自然的坦然大公之心。嵇康認為，產生私心雜念的根源就在於現實的名教，是非顛倒價值混淆，人們受到這種社會風氣的薰染，加上個人利害得失的計慮，遂與異化的現實同流合污，隱匿真心裝飾虛偽，以致喪失自然之質。他說：

> 乃心有是焉，匿之以私；志有善焉，措之為惡；不措所措，而措所
> 不措。不求所以不措之理，而求所以為措之道；故明為措，而闇于
> 措；是以不措為拙，以致措為工。唯懼隱之不微，唯患匿之不密；
> 故有矜忤之容，以觀常人；矯飾之言，以要俗譽。謂永年良規，莫
> 盛于茲；終日馳思，莫窺其外；故能成其私之體，而喪其自然之質
> 也。【〈釋私論〉】

唯有「越名教而任自然」，消除矜尚之心，情欲之累；克制自我的私欲，才能做到是非無措，坦然大公。嵇康進一步具體談到如何自我克制，他說：

> 養生有五難：名利不滅，此一難也；喜怒不除，此二難也；聲色不
> 去，此三難也；滋味不絕，此四難也；神虛精散，此五難也。五者
> 必存，雖心希難老，口誦至言，咀嚼英華，呼吸太陽，不能不迴其
> 操、不夭其年也。五者無于胸中，則信順日濟，玄德日全；不祈喜
> 而有福，不求壽而自延；此養生大理之都所也。【〈答難養生論〉】

> 及宮商集比，聲音克諧。此人心至願，情欲之所鍾。古人知情不可
> 恣，欲不可極，故因其所用，每為之節。使哀不至傷，樂不至淫。【〈聲
> 無哀樂論〉】

本體絕對而無限，自我則是相對而有限；本體平淡和諧，自我則有哀樂之情。所以，為了投身於自然本體，實行自我克制有其必要性。從這裡也可以看出，嵇康的養生觀，建立在一種形神二而一的身體觀之基礎上，以虛靜、平和、淡漠與超然物外為養生主調，這大致上是繼承了《莊子·養生主》「安時處順，

哀樂不能入也」的基本精神。〔註2〕嵇康照應吾人身體存在的終極關懷，在於性命能否復歸於恬淡、無爲、眞樸的根本問題。他說：「吾頃學養生之道，方外榮華，去滋味，游心於寂寞，以無爲爲貴。」【〈與山巨源絕交書〉】所謂「去滋味」的飲食之道即是平淡無爲、自我克制的的具體實踐，而人心的自由，亦必須以盡力擺脫官能的制約爲前提。這和老子「五味令人口爽」及「味無味」理念，其實若合符節。嵇康深識音樂之美，又倡飲食之和，強調自我克制，以保生全性，可見其淡泊而嚴謹的人生態度與嚮往和諧的美感欣趣。

　　嵇康受到時代憂患感的驅策，窮其一生都在眞誠熱切地追求自然本體，渴望自我意識能與此本體緊密融合，以建立一種足以安身立命的精神境界。但是，由於對現實的痛心疾首，他在後期的思想中將自然與名教對立起來，亦即將本體與現象對立起來，從而也將社會與自我對立起來。因此他「在思想和行爲上經常陷入矛盾，始終沒有找到一個確定的精神境界」。〔註3〕比如他的〈聲無哀樂論〉，整篇論述都是建構在這種對立之上。他說：

　　夫天地合德，萬物資生。寒暑代往，五行以成章爲五色，發爲五音。音聲之作，其猶臭味在于天地之閒。其善與不善，雖遭濁亂，其體自若，而無變也。豈以愛憎易操，哀樂改度哉？

　　夫五色有好醜，五聲有善惡，此物之自然也。至於愛與不愛，喜與不喜，人情之變，統物之理，唯止于此。然皆無豫于內，待物而成耳。

　　聲音以平和爲體，而感物無常；心志以所俟爲主，應感而發。然則聲之與心，殊途異軌，不相經緯，焉得染太和于歡戚、綴虛名于哀樂哉？

　　音聲有自然之和，而無係于人情。克諧之音，成于金石；至和之聲，

〔註2〕 嵇康另外又加入養形兼養神的種種養生術，而把「呼吸吐納，服食養生」等等特殊的鍛鍊納入其養生論中。參閱葉海煙著，《老莊哲學新論》，（臺北市：文津出版社，1999 年 10 月初版 2 刷），頁 294。

〔註3〕 余敦康著，《魏晉玄學史》，頁 320。對此，戴璉璋提出不同看法，認爲余氏的這種見解是對嵇康的誤會；其實，「任自然」正是嵇康所找到的「一個確定的精神境界」。戴璉璋說：「依嵇氏的看法：人眞能任自然，則『和理日濟，同乎大順』，可以『順天和以自然，以道德爲師友，玩陰陽之變化，得長生之永久。』他逾越名教，不受其羈絆，而因任自然，闇合於道，即『默然從道，懷忠報義』。這本是老莊以來的道家傳統，看不到這裡，以爲嵇氏矛盾的困惑就不可解了。」參閱其所著，《玄智、玄理與文化發展》，頁 158。

得于管弦也。夫纖毫自有形可察，故離聲以明闇異功耳。若以水濟
火，孰異之哉？

然則心之與聲，明爲二物。二物之誠然，則求情者不留觀于形貌，
揆心者不借聽于聲音也。

這種「心之與聲，明爲二物」的對立，實際上並不是精神與物質的對立，而
是本體與現象的對立，因此不能將他的玄學理論歸結爲心聲二元論，實質上
仍然是一種本體一元論。余敦康深入剖析嵇康思想的特點說：

嵇康片面地發展了王弼的「崇本以息末」的思想。他把自然的和諧
看作是本，把一切破壞這種和諧的心與物看作是末，因此，自然與
名教以及太和之聲與哀樂之情都形成了對立。如何來揚棄這種對立
呢？嵇康認爲，只有「息末」才能「崇本」，應該「越名教而任自然」，
否定自我的哀樂之情去聆聽太和之聲。嵇康的這種主張，事實上無
法做到，邏輯上也難以講通。〔註4〕

相較於王弼的「崇本息末」，用不存之存的方式，來保證存者實存的眞實性，
以性統情的理論來克制情欲；嵇康對名教的態度，則由調整批判，轉變成爲
激烈而徹底的反抗。自然與名教，太和之聲與哀樂之情的對立，雖然凸顯了
現實世界嚴重異化的問題，但也遺留下「越名任心」的超越境界如何可能的
問題，這就是余敦康所稱，嵇康解決自然與名教衝突的「片面性」所在。是
以嵇康對於現實名教的超越，只是迴避了問題而沒有眞正解決問題。〔註5〕

既然對現實名教已經徹底失望，嵇康心目中的理想名教以及追求的自然
本體，最後必然落實在眞正君子無私無措的本心上。從〈聲無哀樂論〉所強
調的自然之和，到〈釋私論〉所標舉的「越名教而任自然」的君子，顯示他
逐步由天地自然，「和聲無象，道德平淡」的形上之道，落實於心境上的順任
無邪，神妙無方。阮籍和嵇康一樣，最終的理想都是根源於一個自然素樸的
人性信念。阮籍在〈大人先生傳〉中描述一個原始的理想人世，他說：

昔者天地開闢，萬物並生；大者恬其性，細者靜其形；陰藏其氣，

〔註4〕余敦康著，《魏晉玄學史》，頁321。
〔註5〕侯外廬等著，《中國思想通史》，第三卷，頁191云：「明堂、諷誦、六經、仁
　　　義、文籍、揖讓、章服、禮典，都是一堆腐臭與蕪穢，應該『兼而棄之』。漢
　　　代統治階級所用的法寶，既然挽救不了社會危機，在魏晉人物看來，就應該
　　　別尋武器，然而越名教而任自然的虛誕態度，卻是内心矛盾的消解，而不是
　　　矛盾的解決。」

陽發其精；害無所避，利無所爭；放之不失，收之不盈。亡不爲夭，
存不爲壽；福無所得，禍無所咎：各從其命，以度相守。明者不以
智勝，闇者不以愚敗；弱者不以迫畏，強者不以力盡。蓋無君而庶
物定，無臣而萬事理，保身修性，不違其紀；惟茲若然，故能長久。
〔註6〕

「大人先生」所追求者是「善惡莫之分，是非無所爭」的神貴之道，最後卻
不得不拋棄現實世界而離去。基本上，阮籍並沒有爲「大人先生」提出一條
可據以實踐的道路，來保證這個原始自然的名教理想能夠有效地落實於現實
社會中。是以「大人先生」彷彿不食人間煙火的神仙，如戴璉璋所說：「阮籍
與莊子的理想人物都可澤被天下。莊子的至人是對現實作轉化，轉化成道化
世界。阮籍的大人則是對世俗作接引，接引到仙界。道化世界可以當下即是；
而仙界則總在彼岸。」〔註7〕阮籍這個清寂遼遠的彼岸理想被嵇康所承接，在
他的養生理論中獲得進一步的發展：

順天和以自然，以道德爲師友，玩陰陽之變化，得長生之永久，任
自然以托身，並天地而不朽。【〈答難養生論〉】

嵇康所傾注的這種精神境界，與阮籍所羨慕的「大人先生」相類似，實際上
都是脫離了現實的彼岸世界。這種精神境界不僅無法用來對抗現實，而且很
容易就在現實的驚濤駭浪衝擊之下迅速消失。〔註8〕再者，嵇康所標舉的顯
情無措、至公無私的理想君子，乃是「傲然忘賢，而賢與度會；忽然任心，
而心與善遇；儻然無措，而事與是俱」，但是在理論上也無法保證實際行爲
能具有是非允當的必然性。甚且，「任心無邪」的結果，也無法排除實際上
會有麻木不仁、不愧不作之眞小人產生的可能。曾春海指出嵇康人性觀的根
本問題：

嵇康未能超越於外在歷史經驗，而就自身內在德性身命發用之實
感體驗，回溯地就心之「忽然任心，而心與善遇。」究明其超越
所以然之理。因此，在嵇康的人性觀中，並未就心以言性和善，
進而言超驗的道德之理。嵇康在欠缺「善」之超越的形上根據下，

〔註6〕陳伯君校注，《阮籍集校注》，頁169～170。

〔註7〕戴璉璋著，《玄智、玄理與文化發展》，頁112。

〔註8〕余敦康認爲，當時的一批竹林名士在處理與現實的關係上發生了明顯的分
化，是和他們所追求的精神境界軟弱無力密切相關的。參閱其所著，《魏晉玄
學史》，頁321。

其虛靜心之空靈明照亦只能訴諸「道」或「自然」的後天修養工
夫了。〔註9〕

除了心性論方面整體架構的不足，嵇康調和名教與自然面臨理論上困難的另
一重要原因，就在於他以超越名教的方式，尋求解消名教的問題，卻又希望
在現實世界裡可以達成「忠感明天子，而信篤乎萬民」的效果，因而在超越
與現實之間，欠缺合理的聯繫說明。儘管如此，嵇康將名教君子的理想寄託
在自然素樸的人性上，乃是著眼於掃除世人內心是非成見，和私欲矜尚的糾
葛紛擾，以還原人性坦然無私，真情實感的本來面目。他說：

是以君子知形恃神以立，神須形以存。悟生理之易失，知一過之害
生。故修性以保神，安心以全身。愛憎不棲于情，憂喜不留于意。
泊然無感，而體氣和平。又呼吸吐納，服食養身；使形神相親，表
裡俱濟也。【〈養生論〉】

夫嗜欲雖出于人，而非道德之正。猶木之有蝎，雖木之所生，而非
木之所宜也。故蝎盛則木朽，欲勝則身枯。然則欲與生不並久，名
與身不俱存，略可知矣。【〈答難養生論〉】

君子識智以無恆傷生，欲以逐物害性；故智用則收之以恬，欲動則
糾之以以和；使智止于恬，性足于和。然後神以默醇，體以和成；
去累除害，與 彼更生。所謂「不見可欲，使心不亂」者也。【〈答難
養生論〉】

嵇康養生論的人性觀點，在於「形恃神以立，神須形以存」的形神相持，也
就是精神與肉體相互依存的和諧關係，其形上基礎則是萬物一體的自然之
道。觀阮籍〈達莊論〉云：「人生天地之中，體自然之形。身者，陰陽之積氣
也。性者，五行之正性也；情者，遊魂之變欲也；神者，天地之所以馭者也。」
〔註10〕從萬物一體而言，天地萬物都是道之一氣盛衰的表現，人稟賦自然的
形體，亦不能例外。若就形體的主宰而言，則是作為天地之根的神。形與神，
二者不即不離，如同體用的關係。嵇康的人性觀也和阮籍同樣主張「氣靜神
虛」、「體亮心達」的形神相養：因為「神須形以存」，所以注重服食養身；因
為「形恃神以立」，所以養身的關鍵在於養神。愛憎喜怒不留於意，也就是「欲
與生不並立，名與身不俱存」，從而達到「神以默醇，體以和成」，生理與心

〔註9〕　曾春海著，《竹林玄學的典範——嵇康》，頁96。
〔註10〕　陳伯君校注，《阮籍集校注》，頁140。

理的和諧境界。比如嵇康在〈贈兄秀才入軍詩之十四〉所描繪的令人神往的意境云：「息徒蘭圃，秣馬華山：流磻平皋，垂綸長川。目送歸鴻，手揮五弦。俯仰自得，遊心泰玄。嘉彼釣叟，得魚忘筌。郢人逝矣，誰可盡言。」因此，如何從執著有我的物欲中自求超拔昇華，使心靈與自然本體相融合，而臻於渾然無我的審美意趣，才是嵇康養生論的最終旨歸。曾春海說：

> 嵇康吸足了道家的生命智慧，以致虛守靜的工夫來清心寡欲，從而培養性靈，啓迪玄思，在寧謐和諧的養生世界中品味生活的幽趣，生命中的美趣。在心怡而後形安的理念下，嵇康的養生論是由心靈世界下自覺自悟的工夫，從而在形體上做事上磨練的踐履，最後則回歸於「無爲自得，體妙心玄，忘歡而後樂足，遺生而後身存」，那種生命本然純眞純美的狀態中所洋溢的逍遙自得之至樂。〔註11〕

嵇康的人性觀將人性本然美善的理想寄託在形神相親，身心協調的和諧自得的境界；表裡俱濟，既不傷身，也不縱欲，回歸原始素樸的自然生命。這樣的自然生命乃是本於萬物一體，平和恬淡的形上和諧之理。他任自然的主張，就是從這種原始和諧的人性本來面目出發，企圖解消現實名教的異化與荒謬，「在名教與自然之爭中，嵇康要求一較名教世界更爲根源性的實在世界，以人性實實在在的『實』性爲基礎，從而回歸於以此『實』性爲立足點和出發點的自然世界。」〔註12〕這個自然實在的世界，並不在充滿對立衝突的現實之中，而是溯源於本然素樸的心靈世界。嵇康說：

> 故世之難得者，非財也，非榮也，患意之不足耳！意足者，雖耦耕畎畝，被褐啜菽，豈不自得；不足者，雖養以天下，委以萬物，猶未愜然。則足者不須外，不足者無外之不須也。無不須，故無往而不乏；無所須，故無適而不足。不以榮華肆志，不以隱約趨俗，混乎與萬物並行，不可寵辱，此眞有富貴也。【〈答難養生論〉】

這種自滿自足，無求於外的精神境界，實際上解消不了現實世界的苦難與悲劇。當嵇康的玄學思想轉向「越名教而任自然」，不僅使他在理論上陷入一系列的對立，無法調和及彌補現實與理想的差距；同時也使得他所追求的精神境界，因爲脫離了人間現實的生活，而成爲一種難以企及的彼岸世界。若要

〔註11〕 曾春海著，《竹林玄學的典範——嵇康》，頁148。
〔註12〕 曾春海著，《竹林玄學的典範——嵇康》，頁81～82。

在歷史中尋找，則嵇康心目中這個名教與自然渾然完美融合的理想世界，只曾經存在於遠古的原始社會。這種原始社會和素樸人性的理想，對於現實世界的改革提昇與撥亂反正，固然發揮不了什麼實質的作用，但是對於人們內心所追求自由自在與眞實自然的精神生活，則具有重大的意義。

第二節　郭象：「內聖外王之道」

郭象的〈莊子序〉是其獨化論玄學體系的一個總綱，從這篇序中，可以看出他復歸於玄學的主題；他著眼於名教與自然的結合，闡明內聖外王之道。郭象玄學回應了嵇康和裴頠等人所提出的問題，一方面從自然的觀點重新解釋名教，另一方面又以名教的觀點重新解釋自然，最後提出「神器獨化於玄冥之境」的命題。「神器」一詞源自《老子》「天下神器，不可爲也」，〔註13〕指的是國家政治。他將「神器」和「玄冥之境」聯繫起來，即在回應嵇康該從何處追求精神境界及落實理想的問題，並且將裴頠維護名教的觀點，提昇到一種更高的層次，從而形成一種嶄新的綜合性的玄學思想。因此，郭象玄學的「內聖外王之道」，亦即調和名教與自然的主旨，就凝聚在「神器獨化於玄冥之境」這個命題之中。〔註14〕郭象〈莊子序〉云：

> 夫莊子者，可謂知本矣，故未始藏其狂言，言雖無會而獨應者也。
> 夫應而非會，則雖當無用；言非物事，則雖高不行；與夫寂然不動，
> 不得已而後起者，固有間矣，斯可謂知無心者也。夫心無爲，則隨
> 感而應，應隨其時，言唯謹爾。故與化爲體，流萬代而冥物，豈曾
> 設對獨遘而游淡乎方外哉！此其所以不經而爲百家之冠也。

首先，他認爲莊子是「知本」之人，雖未能與道眞正融會爲一，但能與道相應。莊子知以無爲心，但未能做到無爲。所以莊子未達聖人之境，只能成爲

〔註13〕　《老子·二十九章》云：「將欲取天下而爲之，吾見其不得已。天下神器，不可爲也。爲者敗之，執者失之。」見樓宇烈校釋，《老子周易王弼注校釋》，頁 77。

〔註14〕　「獨化」這個語詞，未見於老莊的著作中。然《莊子》書中有「見獨」【〈大宗師〉】、「立於獨」【〈田子方〉】及「獨志」【〈天地〉】等說法，依成玄英疏，這幾處的「獨」是指稱「道」或「心性」。這和《郭象注莊》中「獨」的用法相近，有可能是郭象「獨化」說之所本。參閱戴璉璋著，《玄智、玄理與文化發展》，頁 270～272。

百家之首。郭象這種看法與王弼的「聖人體無」的思想是相通的。〔註15〕他
爲了適應時代的需要，重新詮釋《莊子》，配合玄學調和名教與自然的主題，
也將莊子的地位列於孔子之下。〈莊子序〉又云：

> 然莊生雖未體之，言則至矣。通天地之統，序萬物之性，達死生之
> 變，而明内聖外王之道，上知造物無物，下知有物之自造也。其言
> 宏綽，其旨玄妙。至至之道，融微旨雅；泰然遣放，放而不敖。故
> 曰不知義之所適，猖狂妄行而蹈其大方；含哺而熙乎澹泊，鼓腹而
> 游乎混芒。至仁極乎無親，孝慈終於兼忘，禮樂復乎已能，忠信發
> 乎天光。用其光則其朴自成，是以神器獨化於玄冥之境而源流深長
> 也。

其次，郭象認爲，莊子思想的主旨是一種天人之學，内容包括自然與名教社
會兩方面。就自然而言，是「通天地之統，序萬物之性，達死生之變」；就名
教社會而言，是「明内聖外王之道」。而統合這種天人之學的思想總綱，就是
「上知造物無物，下知有物之自造」，也就是獨化。所謂獨化即是「欻然自生」，
「物之自爾」，每個具體的事物皆依其自性而獨化，又自然而然地遇合、協調，
自爾如此，在玄冥之境中得到整體的和諧統一。在社會方面也是如此，人們
任性而行，就能合乎大道；不必學習仁義禮樂、孝慈忠信，就能合乎名教規
範。因爲名教規範實際上就是人本性的流露，如果能保持這種素樸的本性不
受破壞，就能「神器獨化於玄冥之境」，使國家政治，名教社會永遠保持和諧
的狀態。〈莊子序〉結尾云：

> 故其長波之所蕩，高風之所扇，暢乎物宜，適乎民願。弘其鄙，解
> 其懸，灑落之功未加，而矜夸所以散。故觀其書，超然自以爲已當，
> 經崑崙，涉太虛，而游惚怳之庭矣。雖復貪婪之人，進躁之士，暫
> 而攬其餘芳，味其溢流，彷彿其音影，獨足曠然有忘形自得之懷，
> 況探其遠情而玩永年者乎！遂綿邈清遐，去離塵埃而返冥極者也。

〔註15〕王弼認爲老子經常講無，説明他並未「體無」，只停留於有的現象層次，孔子
只講有，説明他已經「體無」而上升到本體的高度，所以孔子的地位高於老
子。王弼的貴無論玄學體系企圖通過有與無這一對範疇之間的相互依存、轉
化的辯證關係，把現象與本體、名教與自然、現實與超越結合起來。王弼的
哲學著作主要是《老子注》和《周易注》，爲了使這兩部著作構成互補關係以
體現其哲學主張，所以王弼不得不崇儒而黜道。郭象的觀點也是如此，所以
説「莊生雖未體之，言則至矣」。參閲余敦康著，《魏晉玄學史》，頁355～356。

最後，郭象指出，莊子強調自然與名教社會的和諧，這種思想「暢乎物宜，適乎民願」，切合現實社會的需要；可以消除人們貪婪之心，矜誇之志，依照自己的性分生活而「忘形自得」。在現實中獲得超越，使社會整體復歸於自然和諧，這就是「內聖外王之道」的意旨所在。

關於內聖外王之道的討論，就其實質而言，乃是對君主統治國家社會的理想和方法的探索。玄學家們根據特定的歷史條件，從社會整體利益的角度思考，提出相應的理想目標和策略。這是對實際政治的一種超越，目的是針對現實名教的種種弊端進行批判和調整。以郭象而言，這個理想目標就是「神器獨化於玄冥之境」，使名教合乎自然，各種關係處於最完美的和諧狀態；其方法則是無為而治，「因天下之自為」，「無心而付之天下」。郭象具有敏銳的現實感，對於名教社會存在的各種弊端與衝突也有清晰的認識；他將時代的苦難歸結為一種偶然的遇合，乃是由各種因素交織成的自然而必至的趨勢，人們只能當作既成的事實和無可逃避的命運來接受。他說：

> 其理固當，不可逃也。故人之生也，非誤生也；生之所有，非妄有也。天地雖大，萬物雖多，然吾之所遇適在於是，則雖天地神明，國家聖賢，絕力至知而弗能違也。故凡所不遇，弗能遇也，其所遇，弗能不遇也。【《郭象注莊・德充符》】

> 夫竭脣非以寒齒而齒寒，魯酒薄非以圍邯鄲而邯鄲圍，聖人生非以起大盜而大盜起。此自然相生，必至之勢也。【《郭象注莊・胠篋》】

他對內聖外王之道的探索，自始至終貫穿著一條「自為而相因」的本體論思想線索。他認為，由君主臣民所組成的人倫社會，原就是一個和諧的整體，這個整體本身具有自我調節與完善的能力，不需外來的干預。君主為政，只須「我無為而天下自化」，「因天下之自定」，「順百姓之心」，亦即只須使此整體內在的「自為而相因」的作用發揮出來，即可收到和諧的效果。郭象經常強調這種觀點。例如他說：

> 屬，惡人也。言天下皆不願為惡，及其為惡，或迫於苛役，或迷而失性耳。然迷者自思復，而屬者自思善，故我無為而天下自化。【《郭象注莊・天地》】

> 口所以宣心，既用眾人之口，則眾人之心用矣，我順眾心，則眾心信矣，誰敢逆立哉！吾因天下之自定而定之，又何為乎！【《郭象注莊・寓言》】

「內聖外王之道」雖然建立在一種和諧的整體觀之上，但並不否認現實上存在不和諧的現象，而正由於充分認識到名教社會本身各種關係的嚴重失調，才激發玄學家追求和諧與自然。〔註16〕爲了解決現實名教的異化與對立問題，協調各種人倫關係，使社會趨於和諧，無爲與有爲兩種途徑都是不可或缺的。爲玄學奠基的王弼，即試圖用本末、母子的關係結合有爲與無爲，名教與自然。他說：

> 本在無爲，母在無名。棄本捨母，而適其子，功雖大焉，必有不濟；名雖美焉，僞亦必生。不能不爲而成，不興而治，則乃爲之，故有宏普博施仁愛之者。而愛之無所偏私，故上仁爲之而無以爲也。【《老子注·三十八章》】

他以無爲爲本，以有爲爲末，「崇本息末」，「崇本舉末」的思想事實上並不排斥有爲。郭象的內聖外王之道則更進一步闡明，無爲與有爲，二者不僅並非相互排斥，而且可以統一。如果從名教與自然對立的問題來看，一般以爲提倡自然無爲，便應將名教世界的種種作爲剔除於自然之外，而將仁義禮法視爲殘生害性之具。對於這種觀念，郭象以「寄之人事，本在乎天」的天人新義予以扭轉。他說：

> 夫率性直往者，自然也；往而傷性，性傷而能改者，亦自然也。庸詎知我之自然當不息黥補劓，而乘可成之道以隨夫子耶？而欲棄而勿告，恐非造物之至也。…言天下之物，未必皆自成也，自然之理，亦有須冶鍛而爲器者耳。【《郭象注莊·大宗師》】

> 人之生也，可不服牛乘馬乎？服牛乘馬，可不穿落之乎？牛馬不辭穿落者，天命之固當也。苟當乎天命，則雖寄之人事，而本在乎天也。穿落之可也，若乃走作過分，驅步失節，則天理滅矣。不因其自爲而故爲之者，命其安在乎！【《郭象注莊·秋水》】

他認爲任性自然的內涵，也包含了人類服牛乘馬等內容，而且「夫仁義自是人之情性，但當任之耳。恐仁義非人情而憂之者，眞可謂多憂也」。【《郭象注莊·駢拇》】仁義既屬於人之情性，只要任之即可。他將「往而傷性，性傷而能改者」也視爲自然，所以「息黥補劓」乃是順應「可成之道」。如此一來，

〔註16〕和諧的整體觀在中國哲學史中源遠流長，比如《周易》的「保合太和」即屬之。郭象「神器獨化於玄冥之境」的命題，實際上就是用玄學的術語翻譯《周易》的思想。

自然既可以指自生自爾，率性直往的任性自爲，也可以容許「往而傷性，性
傷而能改」的「可成之道」，亦即有待於人「冶鍛而爲器」，「曲成其行」【《郭
象注莊·人間世》】的修養復性工夫。所以，郭象又說：「夫善御者，將以盡
其能也。盡能在於自任，而乃走作馳步，求其過能之用，故有不堪而多死焉。
若乃任駑驥之力，適遲疾之分，雖則足迹接乎八荒之表，而眾馬之性全矣。
而惑者聞任馬之性，乃謂放而不乘；聞無爲之風，遂云行不如臥；何其往而
不返哉！斯失乎莊生之旨遠矣。」【《郭象注莊·馬蹄》】他的獨化論泯除了現
象與本體的分別，因此自然與人爲，先天與後天的界限也就不明顯。這也是
一種著眼於名教與自然「玄同」的論證方式。他說：

> 知天人之所爲者，皆自然也；則內放其身而外冥於物，與眾玄同，
> 任之而無不至者也。【《郭象注莊·大宗師》】

> 天然在內，而天然之所順者在外。故〈大宗師〉云：知天人之所爲
> 者至矣，明內外之分皆非爲也。【《郭象注莊·秋水》】

天人之分不再是自然與人爲的差異，只是人所持的觀點使然。不僅物無非天，
而且人皆自然；既皆爲自然，則天人的分別就沒有實質的意義。如果勉強言
其分別，亦只能以「內」「外」的不同角度加以描述而已。故他說：

> 夫與內冥者，遊於外也。獨能遊外以冥內，任萬物之自然，使天性
> 各足而帝王道成，斯乃畸於人而侔於天也。以自然言之，則人無小
> 大；以人理言之，則侔於天者可謂君子矣。【《郭象注莊·大宗師》】

在這裡，《莊子》「天之小人，人之君子；人之君子，天之小人」的天人對揚，
被郭象以遊外冥內的方式予以統一，「以自然言之，則人無小大」。郭象認爲
君子「寄之人事」同時也是「侔同於天」，這不僅化解了人與天的界限，有爲
與無爲的分別，也彌縫了名教與自然對立的鴻溝。換言之，不僅天人內外之
分皆統一於自然，名教與自然亦無以別。此即所謂「玄同」，亦即是郭象調和
名教與自然的「內聖外王之道」的最高體現。

　　至於這種內聖外王之道在政治社會上能否實現，則維繫於君主是否能眞
正做到「無心」。例如郭象說：

> 世以亂故求我，我無心也。我苟無心，亦何爲不應世哉！然則體玄
> 而極妙者，其所以會通萬物之性，而陶鑄天下之化，以成堯舜之名
> 者，常以不爲爲之耳。孰弊弊焉勞神苦思，以事爲事，然後能乎！
> 【《郭象注莊·逍遙遊》】

　　夫畫地而使人循之，其迹不可掩矣；有其己而臨物，與物不冥矣。
　　故大人不明我以耀彼而任彼之自明，不德我以臨人而付人之自德，
　　故能彌貫萬物而玄同彼我，泯然與天下爲一而内外同福也。【《郭象
　　注莊・人間世》】

他反覆強調，聖人內在體玄極妙，外在則能會通萬物之性，「體化合變，無往
不可」；而其方式則是以「無心」應會，以「不爲」爲之。他認爲即使是黃帝
這樣的聖王，也不可能窮究萬物的奧妙，因此君主必須「任彼之自明」，「付
人之自德」。這種觀點在殘存的郭象《論語體略》中也可以發現：

　　聖人無心，仕與不仕隨世耳。陽虎勸仕，理無不諾。不能用我，則
　　無自用，此直道而應者也。然免遜之理，亦在其中也。〔註17〕

　　無心而付之天下者，直道也。有心而使天下從己者，曲法。故直道
　　而行者，毀譽不出於區區之身，善與不善，信之百姓，故曰：吾之
　　於人，誰毀誰譽，如有所譽，必試之斯民也。〔註18〕

聖人以無心應物，仕與不仕，應隨其時，而其爲政亦不過是使萬物各得其性。
這裡所謂「無心」，「以不爲爲之」，既不是毫無所爲，也不同於傳統道家的無
爲而不爲。郭象的無心而爲，乃是就內在的「體化合變」，「無往不可」而言
的「無心而隨物化」，「無心玄應」；【《郭象注莊・應帝王》】既不因天下物事
而攪擾其心，亦不存心故意造立施化，而是使百姓萬物「皆放之自得之場，
則不治而自治也」。【同上】他進一步分析說：

　　故修己者僅可以内敬其身，外安同己之人耳。豈足安百姓哉？百姓
　　百品，萬國殊風，以不治治之，乃得其極。若欲修己以治之，雖堯
　　舜必病，況君子乎？今堯舜非修之也，萬物自無爲而治。若天之自
　　高，地之自厚，日月之明，雲行雨施而已。故能夷暢條達，曲成不
　　遺而無病也。〔註19〕

〔註17〕 郭象注《論語・陽貨》云：「孔子曰：『諾，吾將仕矣。』」見皇侃疏，《論語
　　　集解義疏》（下），（臺北市：廣文書局有限公司，民國80年9月再版），頁601。
〔註18〕 郭象注《論語・衛靈公》云：「子曰：『吾之於人，誰毀誰譽？如有所譽者，
　　　其有所試矣。斯民也，三代之所以直道而行也。」見皇侃疏，《論語集解義疏》
　　　（下），頁554～555。
〔註19〕 郭象注《論語・憲問》云：「子路問君子。子曰：『修己以敬。』曰：『如斯而
　　　已乎？』曰：『修己以安人。』曰：『如斯而已乎？』曰：『修己以安百姓。修
　　　己以安百姓，堯舜其猶病諸！』」見皇侃疏，《論語集解義疏》（下），頁529。

「修己以安百姓」並非要修己來加以「治之」，而是令萬物自為。在這裡，郭象強調聖王的開放態度，只要不去干預侵擾，天下自然各得其性。他又說：「夫能令天下治，不治天下者也。故堯以不治治之，非治之而治者也。夫治之由乎不治，為之出乎無為也，取於堯而足，豈借之許由哉？」【《郭象注莊・逍遙遊》】所謂「以不治治之」其實就是「與眾玄同」而「因眾之自為」。這一方面可以滌除成心、惑心，常保心靈的清明，「玄鑒洞照，與物無私」，因而「全其平而行其法」；另一方面也可以使百官各盡其能，「明者為之視，聰者為之聽，知者為之謀，勇者為之扞」，使眾人自得其性，「各安其所司」，「各足於所受」，「各靜其所遇」。相對而言，萬物百姓的自得其性、任性自為，亦有賴於聖王的無心為治方得保全。郭象「以不治治之」，使「萬物自無為而治」的主張，與老子的「無為而無不為」相比，更具有讓萬物自由自主之意。從現實政治層面來觀察，郭象的主張，顯然是一種限制君權的思想，君王無心為治而任令萬物臣民自為，與擾民而愚昧的苛政相比，更能符合魏晉時代的政治需求和百姓心聲。〔註20〕

郭象認為，聖人無一己之心才能自通而通天下，與萬物相因而成；「以不治治之」的治理之道，讓萬物和百姓皆有自得其性的發展空間，同登逍遙之境，這才是真正內聖外王之道的具體實現。聖人無心順物，故與天下無對，心中亦無物事之累；而隱者獨立於高山之頂，乃是有對於天下，未能達到與物相冥之境。郭象說：

> 夫自任者對物，而順物者與物無對，故堯無對於天下，而許由與稷契為匹矣。何以言其然邪？夫與物冥者，故群物之所不能離也。是以無心玄應，唯感之從，汎乎若不繫之舟，東西之非己也。故無行而不與百姓共者，亦無往而不為天下之君矣。……若獨兀然立乎高山之頂，非夫人有情於自守，守一家之偏尚，何得專此！此故俗中之一物，而為堯之外臣耳。若以外臣代乎內主，斯有為君之名而無任君之實也。【《郭象注莊・逍遙遊》】

真正的聖人「無心玄應，唯感之從」，無心而與物無對，無待而常通，達到與

〔註20〕　余敦康云：「郭象的這種君主無為而臣下有為的思想，目的在於限制君權，減少君權對政治的破壞性的干預，滿足廣大的臣下熱切的參政要求。魏晉時期，恰恰是君權過於膨脹，君主熱衷於追求有為，濫用權力，抑制了廣大臣下熱切的參政要求，造成君臣之間的關係緊張。郭象的這種思想是有所指而發的。」見其所著，《魏晉玄學史》，頁 370～371。

物冥合的境界。依郭象之見,《莊子》中的神人、至人也就是「帝王道成」的聖人,「神人即聖人也,聖言其外,神言其內」。【《郭象注莊·外物》】莊子所追求的最高精神人格「神人」,郭象詮釋爲遊外冥內,使萬物不失所待,同於大通的聖人。他說:

> 夫神人即今所謂聖人也。夫聖人雖在廟堂之上,然其心無異於山林
> 之中,世豈識之哉!徒見其戴黃屋,佩玉璽,便謂足以纓紱其心矣;
> 見其歷山川,同民事,便謂足以憔悴其神矣;豈知至至者之不虧哉!
> 今言王德之人而寄之此山,將明世所無由識,故乃託之於絕垠之外
> 而推之於視聽之表耳。處子者,不以外傷內。【《郭象注莊·逍遙遊》】

身在廟堂之上而不至於被世事「纓紱其心」,「憔悴其神」,這是由於聖人「遺物而後能入群,坐忘而後能應物」。【《郭象注莊·大宗師》】無爲,並非「拱默乎山林之中」,無所事事,這是執著於「無」的誤解;有爲,也非事必躬親,越俎代庖,這是執著於「有」的偏見。去除執無執有的偏失,則無爲與有爲也可以玄同。則無爲可以作爲有爲的超越根據,以成就有爲。在郭象看,聖人內外相冥,不以外傷內,才是眞正能玄同無爲與有爲的人。他按照「神器獨化於玄冥之境」的思想,塑造「內聖外王」的理想君主「聖人」的形象,並且將如何使名教社會由對立衝突,復歸於自然和諧的希望,全部寄託在這種「聖人」身上。從郭象政治哲學的的整體脈絡來說,他首先肯定自然與人倫社會存在著一種原始的和諧,一種無心的,渾然無差別的境界,天地萬物「相與於無相與,相爲於無相爲」。接著從各方面探索導致這種原始和諧被破壞的原因,最後歸結爲有心使然。因此,尋求復歸於和諧的關鍵,便在於泯除有心的差別意識,回復無心而萬物各任其性的境界。郭象認爲,掌握國家政治「神器」的君主不能「有心而使天下從己」,應該「無心而付之天下」。總括而言,從原始無心的和諧,演變爲有心的造作破壞,到復歸於無心的和諧,郭象所提出的內聖外王之道,正是通過這樣一套正反合的辯證歷程,完整地構築了一個調和名教與自然的理論。

第三節　兩者調和名教與自然內容之比較

魏晉玄學家重視莊子,是從阮籍、嵇康開始。嵇康曾在〈卜疑〉中指出莊子與老子的不同:

> 寧如老聃之清淨微妙，守玄抱一乎？將如莊周之齊物，變化洞達，
> 而放逸乎？

如果企慕老子的思想，可以作一個狷介自守的隱士；而莊子的逍遙、齊物的
思想則使人隨順世俗，曠達放逸，心靈更為活潑自由。嵇康「越名教而任自
然」的關懷重心在於精神境界與人生態度，因此較接近莊子。阮籍在〈達莊
論〉中也是從這個角度把握莊子的思想。他說：

> 莊周見其若此，故述道德之妙，敘無為之本，寓言以廣之，假物以
> 延之，聊以娛無為之心而逍遙於一世；豈將以希咸陽之門而與稷下
> 爭辯也哉？〔註21〕

如果就追求個人的精神自由而言，莊子的思想確實較老子發揮得更為淋漓盡
致。自從魏晉禪代之後，殘酷的現實政治令知識份子裹足不前，轉而熱衷追
求精神上的自由解放，自在自得，於是注意力紛紛從老學轉移到莊學上來。
但是這種個人的自由自在，應該與現實名教協調配合而非相互對立抵觸，這
也是一個重要的時代課題。所以，郭象從事注解《莊子》的工作，一方面要
順應當時由竹林玄風所引領的精神層面的趨向，另一方面也要從維護名教的
立場，對《莊子》作出不同於嵇康等人的嶄新詮釋。

　　嵇康與郭象都注重自然，講求超越；但是嵇康所要超越的是現實名教，
而郭象則只要人們超越自己的矜誇和貪婪的意念，而不必超越現實的名教。
郭象著眼於名教與自然的結合，以「上知造物無物，下知有物之自造」的自
生獨化觀點為理論基石，闡明冥內遊外的「內聖外王之道」，從而提出「神器
獨化於玄冥之境」的命題。這明顯是一種有關現實世界的政治哲學，同時也
是一種有關精神層面的超越哲學。為了調和名教與自然的對立，郭象的獨化
論一方面吸收了裴頠「崇有」的論點，揚棄了嵇康；另一方面也吸收了嵇康
「任自然」的思想，揚棄了裴頠。

　　在嵇康前期的本體論哲學中，以本末關係結合自然與名教，這種調和的
意圖在〈答難養生論〉中清楚地顯示出來：

> 至人不得已而臨天下，以萬物為心，在宥群生，由身以道，與天下
> 同于自得，穆然以無事為業，坦爾以天下為公。雖居君位，饗萬國，
> 恬若素士接賓客也；雖建龍旂，服華袞，忽若布衣在身也。故君臣
> 相忘于上，蒸民家足于下。豈勸百姓之尊己，割天下以自私，以富

〔註21〕陳伯君校注，《阮籍集校注》，頁155。

貴爲崇高，心欲之而不已哉？

在這裡，嵇康描繪一種完美地結合自然與名教的「至人」理想，雖然「居君位，饗萬國」，但內心無欲，「恬若素士」；雖然「建龍旂」、「服華袞」，卻無異於「布衣在身」。這是對道家無爲而治的一種創新見解，也對郭象產生直接的影響。郭象說：

> 夫聖人雖在廟堂之上，然其心無異於山林之中，世豈識之哉！徒見其戴黃屋，佩玉璽，便謂足以纓紱其心矣；見其歷山川，同民事，便謂足以憔悴其神矣，豈知至至者之不虧哉！」【《郭象注莊·逍遙遊》】

他也認爲「廟堂」無異於「山林」，聖人雖「戴黃屋」、「佩玉璽」，卻不能繫累其心；雖「歷山川」、「同民事」，卻不會減損其精神。這種「聖人」境界，實際上就是本於嵇康「至人」理想而作的演繹與發揮。郭象又說：

> 夫理有至極，外內相冥，未有極遊外之致而不冥於內者也，未有能冥於內而不遊於外者也。故聖人常遊外以冥內，無心以順有，故雖終日見形而神氣無變，俯仰萬機而淡然自若。夫見形而不及神者，天下之常累也。是故睹其與群物並行，則莫能謂之遺物而離人矣；睹其體化而應務，則莫能謂之坐忘而自得矣。豈直謂聖人不然哉？

【《郭象注莊·大宗師》】

聖人常遊外以冥內，故能「終日見形而神氣無變，俯仰萬機而淡然自若」；無心以順有，故能讓萬物與百姓都按其本性而各安其位。他稟承嵇康〈答難養生論〉中結合名教與自然的理念，更進一步認爲所謂「無爲」，並不是隱遁山林，拱默端坐，一無所事；而是「任其自爲」、「率性而動」之意。換言之，所謂無爲，實際上就是有爲。反過來看，所謂有爲也無非是「任其自爲」，「率性而動」，不作本分以外的事，從這個角度來看，有爲同時也就是無爲。因此，無爲即有爲，有爲即無爲，二者在「自爲而相因」中得到辯證的統一。在聖人精神主體「無心玄應」的逍遙意境下，不論仕或隱，皆隨遇而安，隨變所適，一切本乎自適自足的率眞本性，山林與廟堂爲一，名教就是自然，自然就是名教，二者無礙於心，皆統一於無心之自適中。

原本傳統「內聖外王之道」所探討的，是在專制政治體制下理想的君主人格問題，因爲這攸關權力運用與施政能力的良窳，也就是攸關天下蒼生的福祉。一般認爲，如果君主不能達到內聖，也就難以做好外王；易言之，外

王乃是以內聖爲前提。王弼即是以「貴無」的思想，試圖解決這個問題。但是，自從嵇康堅決反抗虛僞的名教，赤裸裸地揭露專制君主殘酷暴虐的面目，突顯知識份子的自我意識與精神境界的重要性之後，理想人格就變成一種普遍的精神追求，不再只局限於君主個人的人格修養。郭象繼承嵇康所開創的這種趨勢，將兩個不同性質的問題合併處理，一方面按照一般知識份子心目中的理想人格去塑造君主的形象，同時也反過來要求君主「與眾玄同」，在現實中成爲這種理想人格的典範。因此，不論是嵇康「雖居君位，饗萬國，恬若素士接賓客也；雖建龍旂，服華袞，忽若布衣在身也」的「至人」形象，或者是郭象「終日見形而神氣無變，俯仰萬機而淡然自若」的「聖人」理想，其實這兩種完美人格，都透露出幾分灑脫曠達的名士風采。

　　再者，嵇康與郭象皆把名教與自然相結合的最高願望，寄託於理想君主身上。他們都認爲，如果君主能具備至人或聖人的性格，用無爲而治的態度處理各種不協調的關係，就能消除當時社會的混亂狀態，使名教與自然的衝突復歸於和諧。只不過，後來嵇康對現實名教大失所望，遂將他所追求的理想，從至人性格的帝王身上，轉移由無措是非，順任自然的君子本心來體現。這種君子新義，可以視爲嵇康對名教弊病所提出的針砭藥方，同時，也反映他原本對聖王政治「君道自然」的期待，在殘酷的現實中已經落空。「無措」是指滌淨私欲，坦然至公之心，也就是「無心」；能做到「心無措乎是非，而行不違乎道」的君子，實際上就是「至人」。郭象同樣強調「無心」，這也是他調和名教與自然的關鍵。聖人無心，故能遊外冥內，心中無絲毫事物之累；無一己之心，故能會通萬物百姓之性，使社會整體復歸於和諧。合觀嵇康君子的「無措」與郭象聖人的「無心」，都是從剝落現實世界中人的是非好惡及才智私欲之紛擾著眼，還原人性的自然素樸狀態。換言之，他們都要求從執著自我的欲望中超拔昇華，使心靈與自然本體融合爲一，達到渾然無我之境地。

　　嵇康所宣揚的「任自然」思想，在魏晉之際蔚爲風潮，繼之而起的郭象則進一步闡發「任性逍遙」之說，實則郭象所謂「性」，亦即「自然」。由此可見，兩者有共同的理想與關懷；他們都是從人性自然而眞實的根源處出發，尋求解決名教社會的種種荒謬與流弊。不同的是，嵇康主張必須「越名教」而後才得以「任自然」，即「越名任心」；而郭象則以「遊外以冥內」的觀點，「玄同」、渾化名教與自然的分別，強調「無心玄應」、任性自得，即可無所

往而不逍遙。

更深一層言，嵇康「越名教而任自然」所突顯的真正意義，乃是理想與現實社會之間的對立，而不是自然與名教的對立。儘管嵇康熱情地歌頌自然，傾慕自然，描繪了一種「無為自得，體妙心玄」，純真純美的精神境界，但是他理論的歸宿和最終目的，仍然是盼望使違反自然的名教重新合乎「自然之理」，能夠將君臣、父子等人倫關係理順，做到「君道自然」之境使名教與自然相結合。因此，嵇康後期將名教與自然對立，並不能代表他真實的本意，這只不過是呈現在玄學理論形態上，一種時代悲痛感受的反射。

魏晉時期的玄學家皆崇尚自然。王弼「崇本息末」的思想，並不排斥名教，他力圖通過有與無這一對範疇之間的相互依存，相互轉化的辯證關係，將現象與本體，名教與自然，現實與超越結合起來。嵇康「君道自然」的論述，也顯示結合名教與自然的理想，而與正始玄學同調；但之後他針對嚴重異化的現實，提出「越名教而任自然」的呼籲，則片面而偏執地發展王弼「崇本息末」的理論，在激憤以致失去平衡的狀態下，排斥名教尋求超越。郭象看出嵇康後期理論的對立與偏失，已經脫離玄學的主題，必須回歸嵇康前期所致力調和名教與自然的思想軌道，甚至作進一步的辯證統合，才能夠讓理想落實於現實世界，發揮改革提昇的作用，不致成為一種遙不可及，軟弱無力的烏托邦。質言之，結合名教與自然，乃是嵇康與郭象共同追求的理想和目標，只是嵇康後期任自然的理論，採取超越名教，反抗現實的決裂態度；而大相逕庭的是，郭象自生說、獨化論體系的基礎，則恰好是徹徹底底建構在現實之上。

第八章 嵇康與郭象名教與自然思想得失之比較

　　魏晉時期承繼漢代以來的道德禮法、社會和宗族生活。然而，代表道德禮法的名教被政權集團所操控，淪為打擊異己的工具。玄學家厭其束縛，對所謂禮法之士的虛偽矯情深感不齒，因而提倡順任自然，亦即追求一種率真適性，逍遙自在的精神生活與修養境界。企圖在名教生活之外，另闢以情為本，素樸無偽的世界。不過，涵養個人生命特質的率真適性的生活，固然令人心曠神怡，悠然自得，但唯有通達的智者才能真正臻於超然物外、無執無繫的境界。是以任自然的號召，在世俗方面產生始料未及的影響，膚淺的追隨者競相仿傚，行徑狂放，狎嬉悖禮，誤以為慢傲訕毀就是至情至性的表現。如此發展，則維繫社會人心的名教世界更形紛亂，政治脫序，社會風氣敗壞，嚴重腐蝕維持宗族生活的人倫道德。因此，魏晉有識之士，大抵而言，注重名教者不偏廢自然，崇尚自然者亦在名教問題上要求合乎理性。以下即從玄學整體發展的脈絡，剖析嵇康與郭象在處理名教與自然方面之理論得失及後續的影響。

第一節　嵇康名教與自然思想之得失

　　嵇康思考名教與自然的問題時，所關心的並非現象與本體在思辨邏輯上的聯結；而是探討自我意識與本體的關係，亦即個人主體生命追求真實自然的精神境界，希望能夠幫助自己在苦難的時代，獲得一種安身立命之道。但

是，精神境界必須以現實世界為依歸，如果脫離現實世界，自我意識在這種縹緲無根的精神境界中，得不到究竟的安頓。嵇康的悲劇性格就在於此。如同本體論中，本體不能脫離現象而單獨存在一樣，嵇康所傾注生命熱切追求的自然，也不可能脫離名教而單獨存在；況且，現實生活中的苦難，也不可能只靠思維上的否定就能加以克服和超越。所以嵇康「越名教而任自然」的思想，不僅使他在理論上陷入對立的困局，同時使他的精神境界「像飄浮於現實生活浪濤中的一葉扁舟，永遠也找不到一個安息之地。」〔註1〕侯外廬批評嵇康「越名教而任自然」超越現實的觀點，是一種「超人」的怪說：

> 嵇康在基本觀點上，否定人是社會的動物，把人返歸於自然，所謂「越名教而任自然」；更進一步，把人的自然人的身份也加以否定，僅僅肯定一個空空洞洞的「道」，所謂「以大道言，及吾無身」。但是，人，不但以其自然人的身份而存在，為自然界的一份子，……既然做了人，就不可能越名教而任自然，更不可能無身。因此，嵇康的人生觀是一種「超人」的怪說。〔註2〕

雖然嵇康的哲學之路最後仍然回到自己探索的起點，亦即除了堅持單純的自我同一，別無他途。他既沒有架構成一個完整的體系，也不曾建立一個可以落實於現實社會之中的精神境界；但是就在他持續不斷，頑強執著的痛苦求索之中，將自我意識及個體自由的問題具體而尖銳地突顯出來。

由於時代的紛擾與創痛，魏晉玄學思潮有著深刻的內在和外在矛盾，在各種緊張矛盾的推動下，不能保持平衡地發展，而以一種複雜多樣，充滿隨機性的方式進行演變。儘管如此，玄學家在處理名教與自然關係問題時，仍然體現了一種歷史和邏輯的必然趨勢。余敦康總括玄學演進的歷程云：

> 如果說王弼的貴無論的玄學體系致力于結合本體與現象、自然與名教，代表了玄學思潮的正題，那麼阮籍、嵇康的自然論以及裴頠的崇有論則是作為反題而出現的。阮籍、嵇康強調本體，崇尚自然，裴頠則相反，強調現象，重視名教，他們從不同的側面破壞了王弼的貴無論的玄學體系，促使它解體，但卻圍繞著本體與現象、自然與名教這個核心進行了新的探索，在深度和廣度方面極大地豐富了玄學思想。……阮籍、嵇康的自然論在玄學思潮的這個發展序列中

〔註1〕 余敦康著，《魏晉玄學史》，頁311。
〔註2〕 侯外廬等著，《中國思想通史》，第三卷，頁191。

佔有特別重要的地位。裴頠的崇有論與其說是針對著何晏、王弼，

倒不如說是直接受到阮籍、嵇康的思想的激發而提出來的。〔註3〕

何晏和王弼並不否定名教，否定名教的只是阮籍和嵇康。玄學的本質，既是一種從本體論的角度探索內聖外王之道的新天人之學，則談論本體，不能不結合現象；崇尚自然，也不能不結合名教。如果脫離現象及超越名教，而孤立地、片面地去追求本體與自然，就會偏離主流，失去玄學的本質。從這條線索看，裴頠的崇有論可說是為了矯正「越名教而任自然」的偏失，企圖將其拉回玄學發展的正軌。在當時社會浮泛竹林放達之風的環境下，裴頠的主張自有其必要性。

但是，表現在嵇康後期理論形態上，名教與自然的對立分裂，其實反映出當時名教的異化與偽詐。由於現實世界的殘酷冰冷，已完全容納不下他所堅守的理想與改革的熱情，以致激發「性烈才雋」〔註4〕的嵇康，提出反抗現實的「越名教而任自然」的主張。現實世界的異化與苦難，無法僅透過理論上的揚棄就能解消，所以他偏離玄學主流的激越主張，並沒有被裴頠的崇有論所矯正，甚至後來郭象總結性的龐大完整的獨化論體系，也無法挽救西晉王朝覆滅的命運。〔註5〕西晉以後的歷史，緊接著是五胡十六國與東晉，南朝與北朝的對峙及混戰，現實世界的苦難與衝突不止沒有緩和，反而變本加厲。人們的處境也更加艱困，心靈更加徬徨。「如同飛蛾在普照萬物的太陽西下以後去尋找那星星點點的燈火一樣，在這個艱難的時世，人們也只好被迫在內心點燃一支照亮自己的燈火，不再去構築那種內聖外王之道的龐大嚴密的體系，而專心去追求個人的精神的出路」。〔註6〕於是，嵇康鍥而不捨地求索的自我意識與精神境界問題，又變得突出而重要。

縱觀整個魏晉時期，理想與現實始終處於激烈衝突的狀態，這種衝突反映在玄學上表現為本體與現象、自然與名教的對立。有的思想家根據中國傳統的學術或現實的政治來進行探討；有的思想家則援引佛教的理論來予以揚

〔註3〕 余敦康著，《魏晉玄學史》，頁323。

〔註4〕 《晉書·嵇康傳》云：「（孫）登曰：『君性烈而才雋，其能免乎！』」

〔註5〕 西晉時代朝野之間，名教事實上並未被認真實行過。西晉朝廷雖然提倡名教，而不論在朝在野，名教中最重要的部分，君臣名份與日常生活中禮的種種規範，都已名存實亡。參閱羅宗強著，《玄學與魏晉士人心態》，頁283。

〔註6〕 余敦康著，《魏晉玄學史》，頁324。

棄和突破。〔註7〕思想領域與社會領域，同步呈現一種混亂紛擾的情勢。因此，嵇康通過「越名教而任自然」所突顯的自我意識與精神境界的價值問題，雖然在郭象和裴頠等人眼中，是一種脫離玄學主流的偏激言論，但在後來的歷史發展中證明，它呼應了苦難時代知識份子尋求安身立命之道的共同渴望。嵇康耿直地戳穿虛偽的現實名教，強調順任純真素樸的自然生命的坦率訴求，深深觸動無數承受苦難、憂患徬徨的心靈。關於嵇康揭櫫「越名教而任自然」所展現的生命精神和審美境界，曾春海有深入的剖析：

> 嵇康將自我的生命從彼時司馬氏集團桎梏性靈的禮教中解放出來，求得才性生命的真實和任放自由。他在獲致性靈的自由後，其美感的藝術才情悠遊奔放於大自然中，以輕靈、疏朗的審美襟懷，盡情地伸張審美的觸角，感受著自由的心靈融入山林水澤的自然界裡所創發出來的種種美感。〔註8〕

嵇康也時常透過詩的語言，將其自身所體驗到的，人與自然相契合的美感意境，傳神地表達出來。例如：〈四言十八首贈兄秀才入軍〉詩之第十三首及第十四首云：

> 浩浩洪流，帶我邦畿；萋萋綠林，奮榮揚暉。魚龍瀺灂，山鳥群飛；
> 駕言出遊，日夕忘歸。思我良朋，如渴如飢；願言不獲，愴矣其悲。
> 息徒蘭圃，秣馬華山；流磻平皋，垂綸長川。目送歸鴻，手揮五弦。
> 俯仰自得，遊心泰玄。嘉彼釣叟，得魚忘筌。郢人逝矣，誰可盡言。

〔註9〕

嵇康這種追求性靈自由及自然美感的生命觀，終究找到了屬於它的廣大深厚的疆域，從而由玄學的旁支附庸，蔚然發展成引領風潮的思想大國。是以，就具代表性的玄學家而言，既不是郭象，也不是王弼，而是擁有率真無措、審美欣趣襟懷的嵇康，才是真正所謂魏晉風度的塑造者，以及那個苦難時代中，知識份子精神領域實際上的導航者！

〔註7〕 湯用彤云：「王弼注《老》而闡貴無之學。向、郭釋《莊》而有崇有之論，皆就中國固有學術，而加以發明，故影響甚廣。釋子立意，亦頗挹其流風。及僧肇解空第一。雖頗具談玄者之趣味。而其鄙薄老、莊（見高僧傳），服膺佛乘，亦幾突破玄學之藩籬矣。」見其所著，《魏晉玄學論稿》，頁60。

〔註8〕 曾春海著，《竹林玄學的典範——嵇康》，頁117。

〔註9〕 崔富章注譯，《新譯嵇中散集》，頁14～15。

第二節　郭象名教與自然思想之得失

魏晉玄學從正始時期到永嘉之世，歷經七十餘年的發展，玄學家圍繞著以名教與自然的關係問題為核心，從各種不同的層面進行既廣且深的探索，思維愈趨周密，理論體系也愈趨完整。余敦康認為，郭象玄學的成就意義非凡，因為他完成了綜合和總結的重要任務。他說：

> 郭象的獨化論是玄學思潮的合題。郭象既崇有、又貴無，他不是向王弼簡單地復歸，而是全面地總結了阮籍、嵇康以及裴頠的研究成果，在更高的水平上把本體與現象、自然與名教結合在一起。〔註10〕

郭象繼承王弼玄學的旨意，闡發內聖外王之道。「內聖亦外王，而名教乃合於自然。外王必內聖，而老、莊乃為本，儒家為末矣。」〔註11〕郭象以自成一格的獨化論體系，矯正了嵇康自然論，與裴頠崇有論的片面而偏執的見解，並且以一種較王弼貴無論更精細圓融的方式，證明名教與自然為一，從而將玄學的發展推向另一個妙趣盎然的高峰。〔註12〕縱然如此，玄學內部的對立分歧，畢竟是由現實世界的異化衝突所引起的，如果現實的紛擾爭端沒有真正解決，則不論玄學的理論體系建構得如何完整周密，終究也會再次分裂解體，而衍生多元化的傾向。郭象之後，東晉與南朝玄學發展的情況即是如此。

在郭象生活的永嘉年間，玄學理論的完整圓融，與現實世界的分裂衝突形成一種極端鮮明而諷刺的對照。郭象作《莊子注》時，正值八王之亂的末期，當時接連不斷發生鬥爭、政變、篡弒和混戰，政治陷入空前的血腥黑暗，社會上各種關係亦處於紛亂無序的狀態。但就思想理論方面看，玄學卻進入綜合總結的階段，和諧的整體觀終於在郭象「獨化於玄冥之境」的哲學體系中得到本體論的證明。這種情形不禁令人產生強烈的困惑，玄學究竟對於苦難的現實，能發揮什麼實際的功用？名士王衍被石勒處死前，曾慨嘆說：「嗚呼！吾曹雖不如古人，向若不祖尚浮虛，戮力以匡天下，猶可不至今日。」【《晉書·王衍傳》】這是王衍臨終前沉痛的悔悟與自省，卻不能視為玄學誤國的論

〔註10〕 余敦康著，《魏晉玄學史》，頁 323。

〔註11〕 見湯用彤著，《魏晉玄學論稿》，頁 112。

〔註12〕 湯一介云：「魏晉玄學從王、何『貴無』的重自然，經向秀的任『自然之理』與『節之以禮』的調和儒道二家過渡性理論，發展到郭象的『廟堂』即『山林』、『名教』即『自然』的合一論，這可以說是魏晉玄學發展的必然趨勢，也就是說郭象哲學是魏晉玄學發展的高峰。」見其所著，《郭象與魏晉玄學》，頁 148。

據。平心而論，西晉的滅亡並不是由玄學所造成的，根本原因應歸咎於中國傳統君主專制政體所不可避免的弊端。在中國的歷史中，昏庸無能、荒淫無道的君主所佔的比例，遠遠超過勵精圖治、英明幹練的君主。集萬民希望之所寄的君主，由於其自身的愚昧和暴虐所引發的危害與災難，又豈是知識份子憑著理想色彩濃厚的言論，就能輕易挽救或改變？譬如東漢末年，王符、仲長統等名士並未「祖尚浮虛」，清議黨人及太學生也奮身「戮力以匡天下」，但東漢仍舊難逃衰亡的命運。由此可知，批評玄學誤國，而將西晉亡國的責任全部推卸到玄學家身上，實為一種過於簡化而且有失公允的看法。更何況玄學的本質乃在提出一種內聖外王之道，要求以理想來改革現實；玄學家普遍盼望，建立合理安定的政治與社會秩序，絕非只是耽溺於「祖尚浮虛」的思想而已。其實，在魏晉那個苦難的時代，玄學乃是對黑暗現實的一種超越態度，儘管知識份子在現實中所見盡是對立與衝突，卻殫精竭慮地在精神領域裡，追求和諧與圓融。因而，玄學深刻地反映當時士人的共同理想，及表現時代的精神趨向。

魏晉玄學的內聖外王之道，對現實政治而言，既然代表一種改革與提昇的理想，則它不為專制帝王所喜好，是不難理解的。因此，玄學只能流行於知識份子之間，無法如漢代經學一般，高居統治思想的地位。即使玄學在哲學思維的層次上突破了經學的窠臼，但與作為民族文化核心的儒家倫理親情，以及社會群眾心理的結合程度，卻較經學為低。〔註 13〕是以，即使郭象已經完成玄學發展總結的任務，從本體論上證明名教即自然，自然即名教；但是這種本體論，終究和普通百姓的日常人倫生活分為兩橛。「聖人貴名教，老莊明自然」，玄學致力於調和名教與自然，亦是旨在會通儒道，然而終究無法產生如儒學般結合政教，融入人倫的作用。牟宗三指出其中的原因：

> 從時代精神方面說，從東漢末年起，發展至魏晉，中國固有之思想中，輪轉至老莊玄言之盛行，蓋有歷史之必然。然從政教方面說，無論如何，總非健康之現象。一注意到政教，立見老莊學之不足。其總癥結是在道家思想中「內在道德性」之不立。〔註14〕

〔註 13〕 這是因為崇尚自然的玄學所共同追求的是一種超越的境界，雖能契合知識份子的精神層面需求，卻無法奠基於日常人倫的生活之用，從而普及到廣大的社會民眾。參閱余敦康著，《魏晉玄學史》，頁 385。

〔註 14〕 牟宗三著，《才性與玄理》，頁 359。

如果從維繫社會秩序、宗族生活的人倫道德著眼，所需要的是一種「極高明而道中庸」的思想形態，既能提出高層次的內聖外王之道，又能不離開日常人倫生活的實際運用，才可以被爲數眾多的凡夫俗子所接受。玄學在理論與實踐方面都沒有解決這個問題，而有賴於後世宋明理學的重新反省和釐清，方能從心性論的層面，爲名教價值建立一種具有客觀普遍意義的基礎，即牟氏所謂「內在道德性」，以彌補玄學在這方面的缺憾。縱然如此，經過漢儒數百年來經學章句的義理轉注，魏晉玄學家以另闢蹊徑的思考策略，對於俗世化的儒教進行了強烈的批判，其中尤以嵇康爲代表性人物。他以生活態度和人格表現，突顯玄學對個人生活與人格的具體效應，蘊含了特殊而深刻的生命意趣和時代意義。如葉海煙所論：

> 由於個性才情的相互激盪，魏晉人物總在風流與浪漫不斷更迭變現人生意境的同時，對個人之生活進行適才適性的轉化，也在權謀當道、政治腐敗的社會現實裡，自行奮起向各種心靈幽境，其中自洋溢生命之精采，也自有其對身家性命的合理化，其夾雜知性與感性的諸多表詮，是不僅止於憤世嫉俗的各項否定，而且隱含了對人格境界的正向而強烈的嚮往。〔註15〕

而郭象獨化論的出現，雖然將玄學的發展推向另一思辨的高峰，卻也同時意味著玄學的終結。郭象之後，除了張湛借助佛學完成《列子注》的貴虛論之外，已無其他足堪與之比擬的玄學體系。由於玄學在人生的終極關懷與心靈的深層要求上，已不足以安頓慰藉東晉之後苦悶徬徨的知識份子，於是中國思想史從此進入佛玄合流的時期，知識份子大量吸收在本體論與人生論方面體系更爲宏大精深的佛學思想，來豐富和充實自己，以解決玄學本身所探索的各種問題。至此，玄學已不得不讓位給佛學思潮，而逐漸淡出中國思想史的舞台。且讓我們再次審視《世說新語・文學》的記載：

> 莊子逍遙篇，舊是難處，諸名賢所可鑽味，而不能拔理於郭、向之外。支道林在白馬寺中，將馮太常共語，因及逍遙。支卓然標新理於二家之表，立異義於眾賢之外，皆是諸名賢尋味之所不得。後遂用支理。

這裡透露出，當時在人生論方面，郭象所提出逍遙境界就在名教之中的思想，

〔註15〕葉海煙著，《老莊哲學新論》，（臺北市：文津出版社，1999 年 10 月初版 2 刷），頁 290。

原本爲清談名士奉爲圭臬，認爲是不可超越的，然而後來卻也被支道林融入佛學的新解所取代。但不管如何，在中國歷史上這一次成功地引入及消化外來文化的過程中，郭象的玄學確實曾經起了一定程度的促進作用。〔註16〕

倘再深一層探究，郭象將調和名教與自然的理想，透過「遊外冥内」的聖人，以「無心順有」，「無心玄應」的態度使萬物百姓各各自爲自得，而全體同登和諧的適性逍遙境界。然而在現實的世界裡，即使聖人無心，但人們的私心造作和欲念逐求卻不曾止歇，又如何能眞實地化解之而共同臻於逍遙之境？而且，在名教世界的人我之間，個體與群體，甚至族群與族群之間，總是充滿各種錯綜複雜的對立與衝突。縱使郭象的「内聖外王之道」在思辨的層次，以「玄同」的辯證觀點統一了名教與自然，也泯除了彼我的分別，以及天人内外的界限；但是他對於政治與社會層面，實際存在的種種對立與糾葛現象，並未能加以積極正視和充分探討，進而提供有效的解決現實問題的程序或方法。是以，郭象所描繪「神器獨化於玄冥之境」的理想，雖然在哲學思想的高度上，創闢了一個新奇玄妙的視野，但在實踐的意義上則顯得相當薄弱和困難。

第三節　兩者名教與自然思想得失之比較

從調和名教與自然的觀點看，嵇康「越名任心」、「越名教而任自然」的主張固然失之激情而偏頗；但也顯示他對名教的異化問題，以及人的眞情實性遭受扭曲的現象，反省得特別深刻。他所激烈反對的，只是現實政治中司馬氏集團所推行的虛偽名教，他對忠義謙讓的倫常名教，始終持肯定的態度。如〈家誡〉對其子的訓示：「不須作小小卑恭，當大謙裕；不須作小小廉恥，

〔註16〕 從所引《世說新語・文學》的記載中可以得知，在玄佛合流的階段，郭象在獨化論體系下所詮釋的莊學，成爲佛教人士參與知識份子清談，融入佛學思想的一種媒介。余敦康著，《魏晉玄學史》，頁386云：「當時中國的知識份子對此並不感到沮喪，而是感到欣喜。他們大量吸收外來的佛教思想來豐富自己，用來解決玄學本身所探索的本體論以及人生論的各種問題。」從另一角度看，如果玄學家可以眞實解決自然與名教的衝突，那麼佛教也沒有深植人心的發展餘地了。玄學家的問題底線只在於質問名教能否自然？眞正從内在道德性的自覺出發，賦予名教客觀而普遍的存在價值基礎，達到自然的名教、名教的自然，還有賴宋明儒家來完成。參閱周大興著，《自然・名教・因果：東晉玄學論集》，（臺北市：中研院文哲所，2004年11月初版），頁10～11。

當全大讓。若臨朝讓官，臨義讓生，若孔文舉求代兄死，此忠臣烈士之節。」他對名教的批判與反抗，突顯現實與理想的對立和衝突。由於虛偽名教的刺激，他與現實決裂，傾注全力追求超越的精神境界，這種決裂反映了時代的苦難與士人的憂患。總括地說，嵇康將他反抗虛偽名教，回歸素樸自然，展現真實自我的終極立場，凝聚在「越名教而任自然」這個簡潔精練的主張中。

郭象則擔負玄學綜合總結的任務，修正了嵇康片面的執著與超越的態度。他強調名教必須合乎自然，而自然也不能脫離名教；理想必須奠基於現實，而現實亦必須依據理想來提升。郭象「神器獨化於玄冥之境」的命題，從本體論上完成名教與自然的結合，以這種圓融的辯證觀點，將玄學理論的發展推向另一個妙趣盎然的高峰。

雖然嵇康與郭象對於現實名教所採取的態度不同，前者主張超越，後者反對超越；不過兩人對名教的弊害都有深切的體認，而且都強調「任自然」的重要性。嵇康思想中超越名教的自然，指的是一種平淡和樂的自然生命。他說：「愛憎不棲于情，憂喜不留于意。泊然無感，而體氣和平。又呼吸吐納，服食養身；使形神相親，表裡俱濟也。」【〈養生論〉】又說：「使智止于恬，性足于和。然後神以默醇，體以和成。」【〈答難養生論〉】然而，嵇康追求的這種自然生命的內容，其實是沒有內容的規定；而且他既已超越名教世界相對之是非標準，終究必須承認一切身心欲望亦是自然。這是嵇康「越名教而任自然」的理論難以避免的「認欲作性」的結果。〔註17〕他為了矯正當時名教社會虛妄偽詐的風氣，以「越名任心」、「顯情無措」來重新界定君子的意涵，亦即以心境情感的真偽顯匿，取代道德善惡是非的標準。但是只注重情欲的真實無偽，結果卻使得嵇康的理論不得不面臨現實中淫亂邪僻、縱欲為惡之真小人的問題。「顯情無措」的主張，固然是剋就當時虛偽造作的名教而發，有其針砭時代弊病的用心，但是，坦蕩蕩的賢人君子，和不愧不怍的真小人，在嵇康「任自然」、「人性以從欲為歡」的觀點下，遂無以顯示二者人格修養境界的差距。

郭象亦有類似的理論困境。郭象的自然同時具有自然而然的自由義，以

〔註17〕周紹賢云：「晉室變亂不已，莊子逍遙適性之人生，為時賢所忻慕，……嵇康〈難自然好學論〉亦謂：『人性以從欲為歡，從欲則得自然。』皆似乎認欲作性，對性情認識不真切。」見其所著，〈清談亡晉問題之商榷〉，《大陸雜誌》，十四卷，十一期，頁346。

及無可奈何的消極必然義；事物之性兼攝理想與現實，本體與現象的領域，而且二者渾然未作分別，無以取捨，一概以自然視之。在郭象而言，既然一切都是自然、自生、獨化，而因果觀念又渺不可解，則於當下所呈現出的現象就是終極的存在；不但不能有創造或主宰的原因促使現象的存在，且也不能有任何超越此一現象之外的規範或法則，能夠趨使此一經驗現象向一個理想的層次邁進。推而論之，郭象所說的「自然」只是一個形容的詞彙，他所作的純現象的描述，即是最終的描述。因為，「自然」就是最後的了，作為狀態的「自然」之後，不能再有任何的支撐或來源。吾人只能視每一已成的、既存的現象都是獨立的、終極的，前無所因，後無所續，各自分離。是以，依照獨化論的觀點看，任何現實的存在都是自然，自然即是性，性即是現象的存在。因此，只要順著現象的存在而任其發展，亦即「事稱其能，各當其分」，【《郭象注莊・逍遙遊》】即是順性，即是自然，甚至可以說是自生或自造。

由於郭象以「自然」詮釋「性」，取其經驗事實義，在這種意義下的任性適性，並未預含工夫的作用和歷程。因為，在萬物的自然本性中，已含有「任」、「適」的必然性。任性適性的說法，如果只運用於人以外的一切存在物，所遭遇的困難比較少；因其只要某些條件配合，獲得其性發展所需的憑藉，如「大鵬之能高」、「斥鴳之能下」，自然可以任性適性，自得逍遙。但人和其他一切的存在物畢竟有所不同，人有各種可能性，而其他的存在物則只有現實性，而沒有可能性。「借用存在主義哲學家的術語來說，萬物是在其『本質』之中，而人卻是『存在』的」。〔註18〕儘管人的存在與萬物之間，也有某種程度的共通性，但是從這個共通的、經驗事實的層面說自然本性，人與萬物的任性適性，並無差別。在郭象這種「純現象之純觀照」的自然主義立場之下，不論大鵬或小鳥，一切有待或無待，都是適性；而縱性復性，同為逍遙。

支道林曾批評郭象適性逍遙的說法云：

不然，夫桀跖以殘害為性，若適性為得者，彼亦逍遙矣！〔註19〕

如果對性分的內容沒有進一步的規定說明，則物各任性，貫徹自然主義的結果，恐難以避免如支氏所譏諷「有欲當其所足，足於所足，快然有似天真，

〔註18〕楊儒賓著，〈向郭莊子注的適性說與向郭支道林對於逍遙義的爭辯〉，頁99。
〔註19〕《大正藏》，卷五十，頁348。

猶飢者一飽，渴者一盈」〔註20〕，流於「以欲爲性」的層次，導致「脗合萬物，物無不適。然則桀驁饕戾，無非遂性」，世間一切人性現象，無論堯舜桀紂、仁慈暴戾，皆是自然，皆是適性。〔註21〕郭象說：「任之而自爾，則非僞也。」【《郭象注莊・齊物論》】又說「任性自生，公也。心欲益之，私也。容私果不足以生生，而順公乃全也。」【《郭象注莊・應帝王》】既然桀紂的本性自爾如此，則其任性所爲亦是「公」。郭象以「任性自生」爲公，認爲是保全生生之理的前提，這和嵇康〈釋私論〉以公與私、顯情與匿情作爲判斷標準，來區別是非善惡的立場相似。嵇康與郭象「任自然」、「任性」的理論，終究都不得不接受顯情縱欲之眞小人的可能；在他們二者的自然觀之下，人性的內容裡都缺乏從現實邁向理想的根源動力，其間層次與境界之差別亦告闕如。

郭象甚至更進一步認爲，既是物各任性，自爾自然，則悲不足悲；即使像堯桀的趣操不同，亦不過是「各受天素」而已。他說：

> 物皆自然，故無不然。物皆相非，故無不非。無不非則無然矣，無不然則無非矣。無然無非者堯也，有然有非者桀也。然此二君，各受天素，不能相爲。故因堯桀以觀天下之趣操，其不能相爲也可見矣。【《郭象注莊・秋水》】

郭象的本意或許不在爲桀紂與盜跖的殘暴行爲開脫，只是強調無是無非，內外相冥，道通爲一的觀點。從某個角度說，他是貫徹莊子「以道觀之，物無貴賤」的齊物論旨意。但是，堯桀各受天素的說法，卻使得一切道德上是非善惡的評價，皆屬贅言，既無必要，也無意義。由於物各任性，所以世間一切的遭遇和結果，都是「必然之理，至人之所無奈何，故以爲己之桎梏也。」【《郭象注莊・德充符》】以郭象這種徹底的自然主義觀點，面對現實名教的種種弊端與危害時，不禁令人充滿不得不然的感慨。對郭象而言，他是在聖人無心玄應的主體境界之中，完成了仕與隱、廟堂與山林、及名教與自然的調和統一；但同時，卻也在「物皆自然」，「任性自爾」的自生獨化觀點之下，不得不接受現實的歷史與人生中，既存的種種紛擾與苦難，而只能視之爲無可奈何的桎梏了。

〔註20〕　《世說新語・文學》注引支氏〈逍遙論〉。
〔註21〕　錢穆著，〈郭象莊子注中之自然義〉，《莊老通辨》，頁444。

第九章 結 論

　　歸納前文的探討，魏晉玄學中所謂「名教」，究其確切的意涵，它並非儒家思想的同義詞，也不是指謂某一特定政治集團所推行的國策方針；而應是指由長期的歷史發展所形成的一套完整的宗法家族、社會綱常的制度。儒家思想以及崇尚儒學的政策，固然對這整套宗法等級制度的形成，發揮極為深刻的作用；但歸根結底，這種制度乃是當時人們必須俯仰生活於其中的政治倫理實體，而不是一種可以自由抉擇的思想型態或政治主張。在中國古代社會中，名教乃是必然的存在，而且不依個人的意志而轉移改變的人倫社會關係；則人們唯有將其當作既成事實而接受，在這套宗法家族制度的規定下參與社會生活，而決不能排拒與否定名教。因為否定名教等於否定整個社會，從而也否定了置身於其中的自己。其次，所謂「自然」，究其確切的意涵，它既不是道家思想的同義詞，也不是指謂茫茫無垠的自然界本身；而應是指支配著自然界萬事萬物的那種和諧的規律，或其存在的本然樣態。玄學家依據自己對天地自然的觀察和理解，藉以籌劃一種和諧的、自由的、安適的社會發展的願景，使得社會與政治領域的君臣、父子、夫婦等各種人際倫理關係，能夠像天地萬物那般調適暢達，各司其職、各得其所、各安其位，從而自然這個範疇也就成為人們自覺地創造歷史的一種精神力量，一種人生與社會的理想。

　　由是而言，名教與自然這對貫穿整個魏晉玄學的範疇，指涉著人們社會歷史實踐活動中的兩個相互矛盾的方面，蘊含著必然與自由，自在與自為等一系列深具哲學意義的內涵；這二者本身原是既對立又統一，緊密相連，彼此不可分割。嵇康和郭象，即在這樣的脈絡裡，對於名教與自然的問題進行

思索，探求和體系的建構，這除了代表他們對人生社會理想的追求，也具體
反映出他們特殊的性格與時代。

從「君道自然」的命題看，嵇康前期對現實名教尚懷抱改革的信念，傾
向於名教與自然的結合，基本上和正始時期王弼的貴無論玄學目標一致。其
後他的信念隨著歷史的演變而崩潰，內心承受巨大的痛苦，仍繼續探索新的
理論，倡言「越名教而任自然」。這種轉折的過程與艱難的探索，不僅是嵇康
玄學思想的特徵，也標識著竹林時期新的歷史階段，突顯個體自由與精神境
界的價值，具有比貴無論更為豐富和深刻的哲學意涵，代表玄學思潮的一次
重大的自我深化。

嵇康的詩歌不乏感動人心的佳作，如〈幽憤詩〉、〈述志詩〉等，這說明
他的思維蘊含真摯的情感。他把時代的苦難，轉化為自我的深刻認識和切身
的憂患感受，因此所抒發的情感和所表現的追求，反映了普遍的時代精神。
雖然嵇康在思辨哲學上所達到的高度不如郭象及王弼，但是他通過個人深沉
的探索，充分地揭露名教與自然、必然與自由、現實與理想等等各種的對立
和衝突，並要求自我在這一系列的對立中作出抉擇與實踐。就認識的深化而
言，嵇康的自然論有其獨特而重要的地位，非郭象與王弼所能及。儘管嵇康
未曾建構一個完整的體系，但是就在他痛苦而持續不斷的探索之中，將自我
意識的問題突顯出來，這對當時普遍尋求安身立命之道的士人而言，發揮了
極大的引導與啟發的作用。錢穆云：「魏晉南朝三百年學術思想，亦可以一言
蔽之曰『個人自我之覺醒』。」〔註 1〕在魏晉的歷史環境中，嵇康對於知識份
子自我意識的覺醒運動，實有開創和促進之功。如欲探討嵇康在中國哲學發
展史上的影響和貢獻，主要也應從這個角度著眼。

屈原《離騷》云：「吾令羲和弭節兮，望崦嵫而勿迫。路曼曼其修遠兮，
吾將上下而求索。」屈原的精神始終處於痛苦求索之中，不曾得到安頓。這
是屈原的悲劇，也是屈原的偉大。其〈卜居〉云：

> 寧正言不諱，以危身乎？將從俗富貴，以媮生乎？寧超然高舉，以
> 保真乎？將呢訾栗斯，喔咿儒兒，以事婦人乎？寧廉潔正直，以自
> 清乎？將突梯滑稽，如脂如韋，以絜楹乎？寧昂昂若千里之駒乎？

〔註 1〕 錢穆著，《國學概論》，（臺北市：臺灣商務印書館股份有限公司，民國 76 年
10 月臺 14 版），頁 150。

將氾氾若水中之鳧，與波上下，偷以全吾軀乎？〔註2〕

嵇康的〈卜疑〉亦云：

> 吾寧發憤陳誠，謇言帝廷，不屈王公乎？將卑懦委隨，承旨倚靡，
> 爲面從乎？寧愷悌弘覆，施而不德乎？將進趨世利，苟容偷合乎？
> 寧隱居行義，推至誠乎？將崇飾矯誣，養虛名乎？寧斥逐凶佞，守
> 正不傾，明否臧乎？將傲倪滑稽，挾智任術，爲智囊乎？

對照來看，兩者有相似的命運。嵇康以超然孤傲的身影面對苦難荒謬的現實，
在魏晉之際，司馬氏集團操弄的虛僞名教社會裡，鍥而不捨地追求自己的理
想。縱使他所追求的超越精神境界，並不能解消現實的苦難，不過，他對於
自己追求的理想，卻是貫徹到底從未動搖。讓我們再次回顧嵇康臨刑前的風
姿：

> 康將刑東市，太學生三千人請以爲師，弗許。康顧視日影，索琴彈
> 之，曰：「昔袁孝尼嘗從吾學廣陵散，吾每靳固之，廣陵散於今絕矣！」
> 【《晉書·嵇康傳》】

雖然處理名教與自然問題經常陷入激憤和對立，但當他最後面臨死亡威脅的
嚴峻時刻，卻表現出鎮定安詳從容不迫的態度。當此之際，他懸念的並非個
人的生死，而是仍然心繫「性潔靜以端理，含至德之和平」【〈琴賦〉】的琴聲。
由此可以印證，嵇康生命的終極關懷，就在於人如何回歸自然，返璞歸眞，
做一個「虛心無措」的眞正君子，因任自然，以體現自然和諧之理而成就天
地之大美。雖然嵇康孤傲不屈高亮耿介的獨特個性，「剛腸疾惡，輕肆直言，
遇事便發」，時常與現實名教世界扞格牴觸，最後卻在他畢生眞誠追求的，自
然之和的宇宙本體中，獲得安頓與確認。這是嵇康生逢亂世令人扼腕的悲劇，
卻顯示嵇康超拔偉大之處。儘管嵇康不曾架構成一個完整的哲學體系，但是，
最高境界的哲學表現實是生命精神的表現，嵇康所展露的率眞任性與曠達美
感的生命精神，深深影響了那個苦難時代中的知識份子，刻劃出高雅脫俗的
魏晉風度與神采。如果從魏晉玄學史中，抽離了用眞實的生命書寫理想，對
虛僞的現實永不妥協的嵇康，那將是怎樣一幅黯然失色的景致！而整個魏晉
時代知識份子追求自由超越的浪漫精神，亦將失去一個最鮮明具體、撼動人
心的象徵！

而處於西晉之世的郭象，其玄學的任務在於總結嵇康與裴頠等人的思想

〔註2〕 朱熹集注，《楚辭集注》，（臺北市：文津出版社，民國76年10月版），頁114。

成果，提出一種結合名教與自然的辯證觀點，企求爲玄學的理論發展劃上一
個平衡圓融的句點。在永嘉年間，一方面，嵇康所引領的超越思想仍主導著
知識份子的精神追求，甚至有許多東施效顰的士人，競相以袒裼露醜爲放達，
形成社會上虛無任誕的風氣。而另一方面，裴頠的崇有論則站在維護名教的
立場，試圖扭轉這種現象，但因其理論欠缺理想性格而顯得窒礙難行。郭象
無法漠視當時知識份子這種貴無賤有或崇有棄無、各執一端的言論。他於是
提出「自生」、「獨化」之說，以一種「純現象之純觀照主義」的自然觀點，
強調「無本」、「無故」，以去除「以無爲本」的執著，消弭貴無賤有的流弊；
又強調「無爲」、「無待」，以去除向外逐求的執著，消弭崇有棄無的流弊。

　　郭象指出，如果依循嵇康所指引的途徑，在現實之外尋求超越境界，這
種超越之境實際上不可能存在，結果只能向反面傾斜，轉變爲對現實奴性地
屈從，反而徹底失去自由。如果依循裴頠所指引的途徑，一味維護現實的名
教，則又全然喪失理想的色彩，最後也同樣使人屈從於腐敗苦難的現實。郭
象對名教的弊害以及專制君主的殘暴具有清醒的認識，這點大不同於裴頠。
但是他爲了要化解現實與理想之間的對立，遂也失去對異化現實的激憤之
情，這又不同於嵇康。郭象一方面吸納嵇康自然論的超越思想而揚棄裴頠，
同時又吸納裴頠崇有論的現實立場而揚棄嵇康。他批判地綜合嵇康與裴頠雙
方的論點，提出「神器獨化於玄冥之境」的命題，「玄同」無爲與有爲，調和
理想與現實。郭象認爲，所謂無爲並非就是拱默隱遁於山林之中，無所事事；
所謂有爲亦不是孜孜營營於名聲形迹，逐物而不返。聖人「遊外以冥內」；於
「內」，以無心、無爲的態度，來面對隨勢流轉的際遇；於「外」，順乎芸芸
萬物的天賦本性，任其自生自化，與物相因相濟。使一切有爲雖有迹而能不
滯於迹，隨時能捐迹而返一，無礙其無心之玄應。因爲人若能返於玄冥，冥
於至分，即能與物冥，與物玄同於自然，渾然和諧而爲一體。如此一來，萬
物不再有依待遷流之相，而且，有待的萬物通過無待者的逍遙，即可在精神
上同登逍遙之境。在此聖人無心玄應的主體精神境界中，仕與隱，廟堂與山
林，名教與自然，皆無別無礙，渾化玄同。

　　依此而觀，「遊外以冥內」的聖人，在面對名教世界時，就可以開展「以
不治治之」的爲政之道，解消執政者專制有爲的心態，以「因眾之自爲」的
理念，讓整體社會維持和諧運作的空間。此外，在面對自然萬物時，則可以
開展「與物冥而循大變」、「同於大通」的逍遙意境；亦即「所遇斯乘」，無所

遇而不自適自得，無窒無礙，「玄同彼我」、「遊於無窮」的精神境界。郭象所
闡述的這種自生獨化的意涵，其實即是發揮老子「道法自然」、「無爲而無不
爲」以及莊子「相與於無相與，相爲於無相爲」的義蘊。郭象對於道家傳統
思想有深刻的體認，尤其是堅守自然無爲的立場最爲徹底；並且，他在因應
時代問題方面，也有精當而獨到的識見。因而，吾人可以肯定郭象在魏晉玄
學發展史上，當然有其承先啓後的代表性地位。

作爲一個玄學家，郭象事實上對老莊思想有相應的了解。郭象注《莊》，
自古以來視爲莊學傳統中的重要詮釋，同時也在魏晉玄學史上佔有醒目的地
位。固然郭象並未違背道家自然無爲的宗旨，但究實言之，與其將《莊子注》
看作是闡幽發微的注解作品，不如視之爲郭象自鑄偉辭、自成一家之言的思
想巨著。《郭象注莊・山木》云：「夫莊子推平於天下，故每寄言以出意。」
郭象雖寄莊子之言，然在他重新詮釋與刻意「誤讀」、「曲解」之下，所出之
意卻未必是莊子的，它所呈現的其實是郭象獨特的觀點與完整的體系。

老莊的存在感受，有其普遍性，特別是像魏晉南北朝那樣名教制度異化、
價值混淆、是非不明的時代，人們更易於產生弔詭、茫昧之感，而老莊所揭
示的精神方向與人生智慧，也容易獲得人們的認同，藉以作爲亂世之中安身
立命之道。經由玄學家的實際體證，道家之所以爲道家的本質，在魏晉苦難
的時代中得到確認與決定。「通過玄學自我超越的途徑，道家思想作爲一種生
命的學問、實踐的智慧學，其特色乃朗然彰著。」〔註3〕嵇康與郭象，本著自
己的存在感受，發而爲親切的生命之學問；此中有眞實的性情、眞實的生命，
也確立了道家之所以爲道家的本質性格。二位思想家都以自己的生命，爲魏
晉之際，無數徬徨失措的心靈，點燃了希望的光輝。他們所表現的自然眞樸
的存在感受，即使如今看來，依然親切而眞實。

經由思想內容的對比可以瞭解，郭象與嵇康都強調順任自然，也都講求
超越；然而嵇康主張超越名教，郭象則只是要超越自己的矜夸與貪婪，反對
超越名教。那麼，郭象的玄學究竟是致力於爲現實的存在作辯護，抑或是致
力於用理想來糾正現實呢？究實而言，吾人應予肯定郭象仍是一個有理想的
思想家，「獨化於玄冥之境」就是他的理想。其內聖外王之道，力求在必然中
找到自由，在現實中找到超越，這是人類精神的本質所在，也是哲學思維的
永恆課題。「名教即自然，自然即名教」，唯有結合這兩個側面來觀察，方可

〔註 3〕戴璉璋著，《玄智、玄理與文化發展》，頁23。

消除對郭象的誤解，如實地理解他的玄學主張。在名教嚴重異化的時代裡，必然與自由、現實與理想的對立變得突出，郭象的玄學即深刻地反映了這種對立與調和的問題，其玄學的意義也正表現於此。雖則郭象的理論要落實於現實的人倫社會之間，尚有其必須正視和解決的複雜衝突與糾葛；但是，他通過內聖外王之道所描繪的任性逍遙的理想，在自然的領域之中，擴展了極其寬廣的意義空間，讓人得以重新審視竹林時期以來，嵇康「越名教而任自然」的論述所突顯的現實與理想的對立問題。裴頠雖意圖維護名教世界的地位，但在理論上並未能顧及改革提升的需求。郭象則是真正能承接並立足於嵇康「任自然」的思想基礎上，對名教社會的價值給予合理肯定的玄學家。他由嵇康的「越名任心」、「越名教而任自然」，進一步推展到「任性逍遙」、「獨化於玄冥之境」，致力於將嵇康所苦心尋覓、寄託理想的彼岸世界，重新冷靜地拉回現實生命的舞臺，此岸的人間世界。

參考書目 [註1]

（一）原典

1. 樓宇烈校釋，《老子周易王弼注校釋》，臺北市：華正書局有限公司，民國 72 年 9 月初版。

2. 郭慶藩輯，《莊子集釋》，（臺北市：華正書局，民國 76 年 8 月版。

3. 嚴靈峰編輯，《無求備齋易經集成》，共 195 冊，臺北市：成文出版社有限公司，民國 65 年臺 1 版。

4. 魯迅輯校，《嵇康集》，香港：中華書局香港分局，1974 年 7 月港版。

5. 戴明揚校注，《嵇康集校注》，北京市：人民文學出版社，1962 年 7 月北京第 1 版第 1 次印刷。

6. 崔富章注譯，《新譯嵇中散集》，臺北市：三民書局股份有限公司，民國 87 年 5 月初版。

7. 陳伯君校注，《阮籍集校注》，北京市：中華書局，1987 年 10 月版，2004 年 6 月重印。

8. 楊勇著，《世說新語校箋》〈修訂本〉，上下冊，臺北市：正文書局有限公司，民國 89 年 5 月第一版。

9. 楊家駱主編，班固等著，《新校本漢書并附編二種》，共 5 冊，臺北市：鼎文書局股份有限公司，民國 75 年 10 月 6 版。

10. 楊家駱主編，范曄等著，《新校本後漢書并附編十三種》，共 6 冊，臺北市：鼎文書局股份有限公司，民國 70 年 4 月 4 版。

11. 陳壽撰，裴松之注，《三國志・魏書》，共 3 冊，臺北市：鼎文書局股份有限公司，民國 63 年 10 月初版。

〔註 1〕 除原典外，其餘參考書目依作者姓氏筆劃序排列。

12. 楊家駱主編，房玄齡等著，《新校本晉書并附編六種》，共 6 冊，臺北市：鼎文書局，民國 67 年 11 月再版。

13. 袁宏著，《後漢紀》，臺北市：臺灣商務印書館股份有限公司，民國 60 年 10 月臺一版。

14. 周振甫譯注，《文心雕龍》，臺北市：錦繡出版事業股份有限公司，民國 81 年 4 月初版。

15. 王冬珍等校注，《新編管子》，上下冊，臺北市：國立編譯館，民國 91 年 2 月初版。

16. 張素貞校注，《新編韓非子》，上下冊，臺北市：國立編譯館，民國 90 年 3 月初版。

17. 張湛注，《列子》，臺北縣：藝文印書館，民國 64 年 9 月 3 版。

18. 朱永嘉等注譯，《新譯呂氏春秋》，上下冊，臺北市：三民書局股份有限公司，民國 84 年 8 月初版。

19. 賴炎元註譯，《春秋繁露今註今譯》，臺北市：臺灣商務印書館股份有限公司，民國 73 年 5 月初版。

20. 陳鐵凡著，《孝經學源流》，臺北市：國立編譯館，民國 75 年 7 月初版。

21. 陳飛龍註譯，《抱朴子外篇今註今譯》，臺北市：臺灣商務印書館股份有限公司，民國 91 年 1 月初版 1 刷。

22. 李昉著，《太平御覽》，臺北市：大化出版社，未著出版年月。

23. 皇侃疏，《論語集解義疏》，上下冊，臺北市：廣文書局有限公司，民國 80 年 9 月再版。

24. 王夫之著，《船山全書》，共 16 冊，長沙市：嶽麓書社，1998 年 11 月第 1 版第 2 次印刷。

25. 趙翼著，《二十二史劄記》，臺北市：洪氏出版社，民國 67 年 10 月再版。

26. 黃汝成撰，《日知錄集釋》，臺北市：國泰文化事業公司，民國 69 年 1 月初版。

（二）專書

1. 王叔岷著，《莊學管窺》，臺北縣：藝文印書館，民國 67 年 3 月出版。

2. 王叔岷著，《郭象莊子注校記》，臺北市：中央研究院歷史語言研究所，民國 82 年景印一版。

3. 王邦雄等著，《中國哲學史（上）》，臺北市：里仁書局，民國 94 年 9 月修訂 1 版。

4. 王葆玹著，《玄學通論》，臺北市：五南圖書出版有限公司，民國 85 年 4 月初版 1 刷。

5. 王曉毅著，《嵇康評傳》，南寧市：廣西教育出版社，1994 年 8 月第 1 版第 2 次印刷。

6. 丘爲君著，《自然與名教──漢晉思想的轉折》，臺北市：木鐸出版社，民國 70 年 8 月版。

7. 孔繁著，《魏晉玄談》，瀋陽市：遼寧教育出版社，1991 年 11 月第 1 版。

8. 田文棠著，《魏晉三大思潮論稿》，西安市：陝西人民出版社，1988 年版。

9. 任繼愈主編，《中國哲學發展史（魏晉南北朝）》，北京市：人民出版社，1998 年 5 月重印版。

10. 牟宗三著，《才性與玄理》，臺北市：臺灣學生書局，民國 72 年 8 月修訂 6 版。

11. 沈清松著，《現代哲學論衡》，臺北市：黎明文化事業股份有限公司，民國 75 年 10 月初版。

12. 沈清松著，《對比、外推與交談》，臺北市：五南圖書出版有限公司，2002 年 11 月初版 1 刷。

13. 沈清松主編，《中國人的價值觀──人文學觀點》，臺北市：桂冠圖書股份有限公司，1994 年 8 月再版一刷。

14. 余敦康著，《魏晉玄學史》，北京市：北京大學出版社，2004 年 12 月第一版第一刷。

15. 余敦康著，《何晏王弼玄學新探》，濟南市：齊魯書社，1991 年版。

16. 余英時著，《中國知識階層史論〈古代篇〉》，臺北市，聯經出版事業公司，民國 73 年 2 月再版。

17. 何啓民著，《竹林七賢研究》，臺北市：臺灣學生書局，民國 73 年 2 月 4 版。

18. 何啓民等著，《中國歷代思想家（六）》，臺北市：臺灣商務印書館股份有限公司，民國 89 年 8 月更新版第 2 次印刷。

19. 李玲珠著，《魏晉新文化運動：自然思潮》，臺北市：文津出版社有限公司，2004 年 4 月初版 1 刷。

20. 林麗眞著，《王弼》，臺北市：東大圖書股份有限公司，民國 77 年 7 月初版。

21. 周大興著，《自然‧名教‧因果：東晉玄學論集》，臺北市：中研院文哲所，2004 年 11 月初版。

22. 侯外廬等著，《中國思想通史》，共 6 冊，北京市：人民出版社，1957 年版。

23. 唐君毅著，《哲學概論》，上下冊，臺北市：臺灣學生書局，民國 74 年 10 月全集校訂版。

24. 唐君毅著，《中國哲學原論‧原道篇》，臺北市：臺灣學生書局，民國 75 年年 10 月全集校訂版。

25. 唐長孺著，《魏晉南北朝史論叢〈外一種〉》，石家莊市：河北教育出版社，2002 年 1 月第 1 版第 2 次印刷。

26. 唐翼明著，《魏晉清談》，臺北市：東大圖書股份有限公司，民國 91 年 7 月初版 2 刷。

27. 袁保新著，《老子哲學之詮釋與重建》，臺北市：文津出版社有限公司，民國 80 年 9 月初版。

28. 莊萬壽著，《嵇康研究及年譜》，臺北市：臺灣學生書局，民國 79 年 10 月初版。

29. 莊耀郎著，《郭象玄學》，臺北市：里仁書局，民國 91 年 8 月第一次修訂 2 刷。

30. 徐斌著，《魏晉玄學新論》，上海市：上海古籍出版社，2000 年 12 月第 1 版。

31. 高齡芬著，《王弼老學之研究》，臺北市：文津出版社有限公司，民國 81 年 1 月初版。

32. 孫良水著，《阮籍審美思想研究》，臺北市：文津出版社有限公司，1999 年 7 月 1 刷。

33. 陳寅恪著，《金明館叢稿初編》，收錄於《陳寅恪先生文集》，共 5 冊，臺北市：里仁書局，民國 70 年 3 月版。

34. 陳麗桂等著，《中國歷代思想家》（五），臺北市：臺灣商務印書館股份有限公司，民國 1999 年 2 月更新版第 1 次印刷。

35. 馮友蘭著，《中國哲學史新編》，共 7 冊，臺北市：藍燈文化事業股份有限公司，民國 80 年 12 月初版。

36. 章太炎著，《章太炎全集》，上海市：人民出版社，1985 年版。

37. 許抗生等著，《魏晉玄學史》，西安市，陝西師範大學出版社，1989 年第一版。

38. 葉海煙著，《老莊哲學新論》，臺北市：文津出版社，1999 年 10 月初版 2 刷。

39. 張岱年著，《中國古典哲學概念範疇要論》，北京市：中國社會科學出版社，1989 年第一版。

40. 張蓓蓓著，《中古學術論略》，臺北市：大安出版社，民國 80 年 5 月第一版九次印行。

41. 張蕙慧著，《嵇康音樂美學思想探究》，臺北市：文津出版社有限公司，1999 年 1 月增訂 2 版 1 刷。

42. 黃建中編著，《比較倫理學》，臺北市：正中書局，民國 86 年 11 月臺初版第。

43. 郭梨華著，《王弼之自然與名教》，臺北市：文津出版社有限公司，民國 84 年 12 月初版。

44. 康中乾著，《有無之辨──魏晉玄學本體思想再解讀》，北京市：新華出版社，2003 年 5 月第 1 版第 1 刷。

45. 湯用彤著，《魏晉玄學論稿》，收錄於《魏晉思想甲編五種》，臺北市：里仁書局，民國 73 年 1 月版。

46. 湯一介著，《郭象》，臺北市：東大圖書股份有限公司，民國 88 年 1 月初版。

47. 傅偉勳著，《從西方哲學到禪佛教──「哲學與與宗教」一集》，臺北市：東大圖書股份有限公司，民國 75 年 6 月初版。

48. 曾春海著，《竹林玄學的典範──嵇康》，臺北市：萬卷樓圖書有限公司，民國 89 年 3 月初版。

49. 曾春海著，《兩漢魏晉哲學史》，臺北市：五南圖書出版有限公司，2002 年 1 月初版 1 刷。

50. 萬繩楠著，《魏晉南北朝文化史》，臺北市：知書房出版社，2002 年 3 月初版第 2 刷。

51. 萬繩楠整理，《陳寅恪魏晉南北朝史講演錄》，臺北市：知書房出版社，2003 年 12 月初版第 3 刷。

52. 景蜀慧著，《魏晉詩人與政治》，臺北市：文津出版社有限公司，2001 年 4 月初版 2 刷。

53. 楊儒賓、黃俊傑編，《中國古代思維方式探索》，臺北市：正中書局，民國 85 年 11 月臺初版。

54. 楊儒賓著，《中國古代思想中的氣論及身體觀》，臺北市：巨流圖書公司，1993 年 3 月 1 版。

55. 趙秉文著，《閑閑老人滏水文集》，上海市：上海商務印書館，縮印湘潭袁氏藏汲古閣精寫本，未著出版年月。

56. 蔡忠道著，《魏晉儒道互補之研究》，臺北市：文津出版社有限公司，2000 年 6 月初版 1 刷。

57. 蔡振豐著，《魏晉名士與玄學清談》，臺北市：黎明文化事業股份有限公司，民國 86 年 8 月初版。

58. 魯迅著，《而巳集》，臺北市：風雲時代出版社，民國 78 年初版。

59. 錢穆著，《國學概論》，（臺北市：臺灣商務印書館股份有限公司，民國 76 年 10 月臺 14 版）。

60. 錢穆著,《莊老通辨》,臺北市:東大圖書股份有限公司,民國 80 年 12 月初版。

61. 錢穆著,《中國學術思想史論叢(三)》,臺北市:東大圖書股份有限公司,民國 82 年 12 月 4 版。

62. 錢穆著,《中國思想史》,臺北市:蘭臺出版社,民國 90 年 2 月版。

63. 劉汝霖著,《漢晉學術編年》,上下冊,臺北市:長安出版社,民國 68 年 10 月臺一版。

64. 戴璉璋著,《玄智、玄理與文化發展》,臺北市:中央研究院中國文哲研究所,民國 91 年 3 月初版。

65. 謝大寧著,《歷史的嵇康與玄學的嵇康——從玄學史看嵇康思想的兩個側面》,臺北市:文史哲出版社,民國 86 年 12 月初版。

66. 羅宗強著,《玄學與魏晉士人心態》,臺北市:文史哲出版社,民國 81 年 11 月初版。

67. Georg Wilhelm Friedrich Hegel 著,范揚、張企泰譯,《法哲學原理》,北京市:商務印書館,1996 年 8 月北京第 6 次印刷。

(三)學術論文

1. 余敦康著,〈從《莊子》到郭象《莊子注》〉,《哲學與文化》,第 21 卷第 8 期,1994 年 8 月出版。

2. 岑溢成著,〈嵇康的思維方式與魏晉玄學〉,《鵝湖學誌》,第 9 期,1992 年 12 月出版。

3. 李美燕著,〈「從聲無哀樂論」探析嵇康的「和聲」義〉,《鵝湖月刊》,總號第 309 期,2001 年 3 月出版。

4. 周紹賢著,〈清談亡晉問題之商榷〉,《大陸雜誌》,14 卷,11 期。

5. 周大興著,〈越名教而任自然——嵇康釋私論的道德超越論〉,《鵝湖月刊》,第 17 卷,第 5 期,1991 年 11 月。

6. 周大興著,〈樂廣「名教中自有樂地」的玄學意義〉,《哲學與文化》,第 21 卷第 7 期,1994 年 7 月。

7. 周博裕著,〈「自然與名教,自由與道德」衝突之可能化解與超越〉,《鵝湖月刊》,第 31 卷,6 期,2005 年 12 月。

8. 吳甿著,〈言意之辨與魏晉名理(七):嵇康「聲心異軌」論及其音樂美學〉,《鵝湖月刊》,總號第 124 期,1985 年 10 月。

9. 胡紹軍著,〈魏晉玄學研究三十年〉,《國內哲學動態》,1985 年 11、12 期。

10. 陳榮灼著,〈王弼與郭象玄學想之異同〉,《東海學報》,33 卷,1992 年 6 月。

11. 陳明著，〈六朝玄音遠　誰似解人歸——大陸玄學研究四十年的回顧與反思〉，收錄於《書目季刊》，第 27 卷第 2 期，1993 年 9 月。

12. 葉海煙著，〈「比較」作爲一種方法對當代中國哲學的意義〉，收錄於《第一屆比較哲學研討會論文集》，南華管理學院哲學研究所發行，民國 87 年 1 月出版。

13. 黃錦鋐著，〈關於莊子向秀注與郭象注〉，《淡江學報》，第 9 期，民國 59 年 11 月出版。

14. 張節末著，〈聲無哀樂——嵇康的音樂理論體系〉，《中國文化月刊》，第 148 期，2001 年 3 月。

15. 湯用彤著，〈嵇康阮籍之學〉，《中國文化》，第 2 期，1990 年 6 月。

16. 曾春海著，〈魏晉「自然」與「名教」之爭探義〉，收錄於《國立政治大學學報》，第 61 期，民國 79 年 6 月。

17. 曾春海著，〈探嵇康的《養生論》及其人生價值觀〉，《哲學與文化》，第 18 卷第 1 期，1991 年 1 月。

18. 曾春海著，〈嵇康的生命才情及其生命觀〉，《哲學與文化》，第 18 卷第 2、3 期，1991 年 2 月。

19. 曾春海主編，《魏晉哲學專題》，《哲學與文化》，革新號第 347 期，2003 年 4 月。

20. 楊儒賓著，〈向郭莊子注的適性說與向郭支道林對於逍遙義的爭辯〉，收錄於《史學評論》，第九期，民國 74 年 1 月。

21. 廖明活著，〈莊子、郭象與支遁之逍遙觀試析〉，《鵝湖月刊》，總號第 101 期，1983 年 11 月出版。

22. 蕭振邦著，〈嵇康「聲無哀樂論」探究——兼解牟宗三疏〉，《鵝湖學誌》，第 31 期，2003 年 12 月出版。

（四）學位論文

1. 周大興著，《魏晉玄學中「自然與名教」關係問題研究》，中國文化大學哲學研究所碩士論文，民國 79 年 5 月。

2. 周大興著，《王弼玄學與魏晉名教觀念的演變》，中國文化大學哲學研究所博士論文，民國 84 年 12 月。

3. 李志勇著，《孟子與莊子修養論之比較研究》，中國文化大學哲學研究所博士論文，民國 79 年 6 月。

4. 邱茂波著，《從「內聖外王」論莊子哲學及其重要詮釋》，中國文化大學哲學研究所博士論文，民國 92 年 6 月。

5. 黃漢青著，《莊子內篇與外雜篇比較研究》，中國文化大學哲學研究所博士論文，民國 81 年 5 月。

6. 陳芝賢著，《戴逵的「放達為非道論」研究》，中國文化大學哲學研究所碩士論文，民國 92 年 12 月。

7. 蕭振邦著，《從後設美學論先秦至魏晉儒道美學規模》，中國文化大學哲學研究所博士論文，民國 79 年 6 月。